GODDESS GIRLS series:#17 AMPHITRITE THE BUBBLY by Joan Holub & Suzanne Williams
Copyright © 2015 by Joan Holub & Suzanne Williams
All rights reserved.

This Korean edition was published by RH Korea Co., Ltd. in 2020 by arrangement with Joan Holub & Suzanne Williams c/o EDEN STREET LLC through KCC(Korea Copyright Center Inc.), Seoul.

이 책은 (주)한국저작권센터(KCC)를 통한 저작권자와의 독점 계약으로 (주)알에이치코리아에서 출간되었습니다.
저작권법에 의해 한국 내에서 보호를 받는 저작물이므로 무단 전재와 복제를 금합니다.

올림포스 여신스쿨

17 바다의 님프 암피트리테

조앤 호럽, 수잰 윌리엄스 글 · 김경희 옮김 · 싹이 그림

주니어 RHK

엄청나게 멋진 우리 독자 여러분, 고마워요!

로한 T., 릴리아 L., 이블린 R., 샘 R., 소피아 G., 조지핀 C., 제시 F., 카일리 S.,

엘라 S., 레아 S., 카일라 S., 소피아 O., 하퍼 M., 미치 S., 키아나 E.,

버지니아 J., 셸비 J., 아리엘 S., 패리스 O., 시드니 B., 매디슨 W., 재스민 R.,

메건 D., 라이아나 L., 니키 L., 이든 O., 케이틀린 R., 한나 R., 미셸 E.,

안드레이드 가족과 앨버 C., 니콜 T., 아만다 W., 케일런 A., 밀란 B., 에밀리 G.,

다니엘라 R., 이타말 H., 케이틀린 W., 릴리 T., 릴리앤과 마미 S., 애슐리 C., 맥케이 O.,

리스 O., 키라 J., 헤일리 G., 라일리 G., 러네이 G., 줄리아 K., 크리스틴 D-H.,

카냐 S., 엠마 T., 매켄지 M., 히메코 S., 재스민 L., 소피 G., 제시카 G., 제이미 E.,

샤이앤 G., 테일러 A. T., 매켄지 Z. S., 시드니 G., 레이철 B., 에이슬린 H., 티파니 W.,

저스틴 W., 아무 H., 패트로나 L., 데스티니 U., 세러니티 U., 다이앤 G., 데이지 S.,

캐리스 C., 시드니 C., 비비언 Z., 제이린 H., 헤일리 R., 소피아 B., 패트로나 C.,

레이철 W., 매켄지 T., 앨리 M., 사브리나 C., 키라 M., 메타일 D., 시드니 C.,

티파니 W., 저스틴 W., 타이, 미셸 C., 라나 W.,

김예원, 조윤아, 옥지명, 윤다은

그리고 지금 이 책을 보고 있는 바로 당신!

* 당신의 이름을 다음 편 〈올림포스 여신 스쿨〉에서 볼 수 있어요.
학교, 학년, 이름과 '올림포스 여신 스쿨' 열혈 독자 인증 한 줄 평을
아래 이메일 주소로 보내 주시면, 추첨하여 이름을 넣어 드려요.

sycho@rhk.co.kr

– 조앤 호럽과 수잰 윌리엄스

차례

1. 인어 • 09
2. 동료 고르기 • 31
3. 초대 • 57
4. 집합 • 83
5. 테티스 흉내 내기 • 109
6. 첫 번째 과제 • 136
7. 커다란 골칫덩이 • 171

8	더 많은 과제	•206
9	거인들의 습격	•231
10	승리	•247
11	진주	•255
12	자신감	•267
13	깜짝 선물	•276

1
인어
암피트리테의 이야기

쌩!

암피트리테는 꼬리를 세차게 흔들며 반짝이는 에게해의 푸르디푸른 바닷속을 질주했다. 가족과 함께 사는 바다 동굴 입구를 나서자 팔이 빠르고 매끄럽게 움직여졌다. 중요한 임무를 맡게 된 암피트리테는 어디론가 출동 중이었다. 그 임무는 바로 사라진 막내를 찾는 일이었다.

가느다란 아침 햇살이 바닷속으로 비치면서 꼬리의 황금 비늘과 너울대는 청록색 머릿결이 반짝반짝 빛났다. 이따금 해초들이 암피트리테의 몸을 스쳤고, 장어들이 무슨 일인가 하고 바위틈에서 고개를 빼꼼 내밀었다. 암피트리테는 저 아래 알록달록한 산호초 가지 사이를 주의 깊게 살폈다. 하지만 산호초 위에 일렁이는 자신의 그림자만 보일 뿐이었다. 불안해진 암피트리테는 큰 소리로 동생의 이름을 불렀다.

"할리아! 할리아, 도대체 어디 있는 거니?"

입술에서 무지갯빛 거품이 뽀글뽀글 솟아올랐다.

수색 작전에 나선 이는 암피트리테만이 아니었다. 쌍둥이 자매 테티스도 바로 앞에서 헤엄쳐 나가고 있었다. 올해 열두 살이 된 둘은 쌍둥이지만 생김새가 완전히 달랐다. 빨간 머리칼의 테티스가 주황색 꼬리를 힘차게 움직여 암피트리테 쪽을 돌아보았다.

"너무 걱정하지 마."

테티스의 입에서 차분한 목소리와 함께 거품이 뽀글뽀글 솟아났다.

"할리아는 전에도 사라진 적이 있잖아. 우리 둘이 꼭 찾아낼 거야. 내가 장담할게. 셋이 함께 시간 맞춰 학교에 갈 수 있을 거야."

세 자매는 에게해 남쪽 큰 바다의 이름을 딴 지중해 학교에 다니는데, 오늘은 월요일이라 얼른 등교를 해야 했다.

"이렇게 오랫동안 사라진 적은 처음이라서 말이야."

암피트리테는 조바심이 났다. 전날 할리아는 조개껍질을 모으러 간다면서 집을 나선 뒤로 여태 돌아오지 않았다. 자매가 무려 오십 명이나 되다 보니 조금 전까지 아무도 할리아가 보이지 않는다는 사실을 알아차리지 못했다.

암피트리테 가족은 바다에 사는 님프인 네레이데스였다. 님프들은 친척이 아주 많아서 샘에 사는 나이아데스, 나무에 사는 드라이데스, 비구름 속에 사는 오케아니데스, 지하 세계에 사는 람파데스가 모두 사촌이었다.

아버지 네레우스가 수많은 물개 떼를 관리하듯이 암피트리테와 테티스는 네레이드 가족의 맏딸로서 동생들을 챙길 책임이 있었다. 하지만 그것은 너무나 어려운 일이었다. 솔직히 말하자면, 거의 불가능한 임무랄까?

"마지막으로 봤을 때 할리아는 난파선 해안에 있었어. 그곳을 먼저 찾아보자."

테티스가 소리치더니 재빨리 방향을 잡았다. 헤엄치는 속도를 보니 암피트리테가 생각한 것보다 훨씬 걱정이 되는 모양이었다. 암피트리테는 얼른 소리쳐 답했다.

"바짝 쫓아갈게!"

자매는 바다 깊숙이 잠수해서 기다란 녹색 손가락처럼 흐느

적거리며 춤추는 해초 사이를 헤치고 나아갔다. 해마들은 둘이 일으킨 물결에 휩쓸리지 않으려고 해초 줄기에 귀여운 꼬리를 단단히 감고 매달렸다. 파란 비늘돔 떼는 두 인어 쪽으로 다가오다가 부딪힐까 봐 급히 방향을 틀었다.

목적지까지 절반 정도의 거리가 남았을 때였다. 작은 물고기들이 알록달록하고 반짝이는 조개껍질을 일일이 박아서 예쁜 모자이크 벽을 쌓고 있는 공사 현장이 나왔다. 공사가 끝나면 이곳은 수중 생명체들이 신에게 바치는 선물이 될 예정이었다.

마음이 다급해진 암피트리테와 테티스는 모자이크 벽에 신경을 쓸 겨를이 없었다. 둘은 팔과 꼬리를 힘차게 저어서 거침없이 바닷속을 헤엄쳐 나갔다. 얼마 지나지 않아 머리 위 수면에서 춤추는 햇살이 더 환해지고, 수심이 점점 얕아졌다. 난파선 해안이 머지않았다는 뜻이었다.

이곳 바다는 암피트리테의 머리칼처럼 옅은 청록색이었다. 지금은 수면이 거울처럼 매끄럽지만, 폭풍우가 치는 날에는 걷잡을 수 없이 위험한 곳으로 변했다. 거친 화강암 바위가 하얀 모랫바닥 깊이 뿌리를 박고서 커다란 몸집을 숨긴 채 도사리고 있었다. 두 자매는 학교 현장 학습 때 바로 그 암초에 난파당한 수많은 배를 탐사해 본 적이 있어 지형을 잘 알고 있었다.

암피트리테와 테티스는 눈에 익은 길을 따라 바위 사이를 요리조리 빠져나가며 해변으로 향했다. 인어들은 이쪽 바위 더미를 '일광욕 바위'라고 불렀다. 그중에서도 네레이드 가족은 바위마다 각각 굴 바위, 다이빙 바위 등 이름을 붙일 정도로 이곳에 대해 잘 알았다. 매일 밤 밀물 때 파도에 깎여나간 바위 표면이 매끈해서 날씨가 화창할 때는 그 바위에 앉아 머리를 빗거나 노래를 부르거나 책을 읽기 딱 좋았다.

그래도 바위 위에 너무 오래 머물지 않게 주의를 기울여야 했다. 여러 가지 위험이 도사리고 있기 때문이었다. 일단 바위 위에 있다가 인간의 눈에 띄는 일이 생기면 두 자매의 엄마이기도 한 교장 선생님에게 벌점을 받았다. 게다가, 24시간 이상 계속해서 바닷물 바깥에 머물면 뭍멀미에 걸려 자칫 죽을 위험이 있었다! 암피트리테가 한시바삐 할리아를 찾으려는 이유도 혹시나 그런 일이 벌어질까 두려워서였다. 암피트리테는 동생이 있나 싶어 수면 밖으로 잠시 고개를 내밀었다. 하지만 근처 바위 어느 곳에서도 할리아의 연보라색 비늘 흔적은 보이지 않았다.

풍덩!

암피트리테는 다시 물속으로 뛰어들어 테티스를 따라잡았다.

"테티스, 더 위로 거슬러 가 보자. 아네모네 바위 부근까지 말이야. 에라토가 할리아랑 거기서 같이 놀았다고 했어."

"알았어."

테티스도 암피트리테만큼 숨이 차는 듯 했다. 둘은 다급한 마음에 몸을 잭나이프처럼 접었다 펴면서 있는 힘껏 헤엄쳤다.

잠시 후 암피트리테와 테티스는 드디어 아네모네 바위에 도착했다. 두 인어는 꼬리를 세차게 내리쳐서 수면 위로 솟아올랐다. 그러고는 검고 매끄러운 바위에 손바닥을 단단히 대고서 물이 줄줄 흐르는 몸을 휙 틀어 바위에 올라앉았다. 바위 표면에는 아직 아침 햇살에 데워지지 않아 밤의 냉기가 여전히 남아 있었다.

"저길 봐!"

테티스가 어딘가를 가리키며 소리쳤다. 암피트리테는 앞으로 쏟아져 내린 머리칼을 쓸어 넘기고서 테티스가 가리킨 쪽으로 눈길을 돌렸다. 가까운 해변 바로 뒤의 모래 언덕에서 연보라색의 무언가가 반짝반짝 빛을 내고 있었다. 분명 할리아의 꼬리 비늘 색이었다!

"할리아!"

암피트리테가 목청 높여 소리를 질렀다. 입술에서 솟아난 마지막 거품들이 공중으로 높이 솟아올랐다.

퐁! 퐁! 퐁!

인어는 바다 밖으로 나오면 공기를 들이마시며 숨을 쉬기 때문에 이제는 말을 해도 거품이 솟아나지 않았다. 암피트리테는 다시 할리아를 소리쳐 불렀다. 하지만 아무런 대답도 들려오지 않았다. 위험해서 더는 고함을 지를 수도 없었다. 인간들이 소리를 듣고 찾아올 수 있기 때문이었다.

암피트리테는 테티스가 땅에서 걷기 위해 변신 주문을 외우는 모습을 애타게 바라보았다.

꼬리에서 다리로,
바다에서 뭍으로
변신의 힘 더불어!

목소리가 허공에 흩어지자 테티스의 꼬리는 두 다리로, 비늘은 조개 무늬 밑단이 달린 멋진 주황색 키톤으로 변했다. 테티스는 두 발을 딛고 일어서더니 바위를 껑충껑충 뛰어넘으며 모래 언덕으로 향했다.

'쩝, 테티스는 걷는 게 헤엄치는 것만큼 쉽나 봐!'

암피트리테는 아직 변신 능력을 얻지 못했기 때문에 뒤에 남아 있어야 했다. 물 밖에 나온 물고기, 아니 인어 신세라 그저 안타까워하며 목을 쭉 빼고서 테티스를 지켜볼 수밖에 없었다.

암피트리테는 육지를 돌아다니는 느낌이 어떤지 알게 될 날이 자신에게도 올지 의심스러웠다.

'엄마는 인간과 인어의 혼혈이라 변신 능력을 얻지 못했잖아. 나도 엄마같이 될까?'

암피트리테 어머니 도리스는 마법 능력이 없었다. 하지만 인어 사회에서 높은 지위를 지니고 있었고, 수완이 좋아서 지중해 학교도 사실상 혼자서 꾸려 나갔다.

그렇다 해도 암피트리테는 어서 변신 능력을 얻고 싶었다. 이기적인 생각일 수도 있지만, 세상 구경을 해 보고 싶다는 마음이 너무 컸다.

'아빠가 허락해 주실 리 없지만 그래도 가 보고 싶어.'

1분이 채 지나지 않아 테티스가 연보라색 물체가 보인 곳에 도착했다. 암피트리테는 두려움을 가라앉히려고 두 팔로 자기 몸을 감싸 안았다. 그러고는 테티스가 모래 언덕의 웃자란 잡초 사이에 무릎을 꿇고 앉는 모습을 가만히 지켜보았다. 아무래도 막내 동생을 깨우려는 듯했다. 만약 할리아가 어제부터 그곳에 있었다면 지금쯤 뭍멀미가 났을 터였다. 그래도 집에서 나간 지 24시간이나 지났을 리 없으니 뭍멀미가 났다 해도 증세가 심하지는 않을 듯했다.

'아, 테티스! 왜 이렇게 오래 걸리는 거야?'

째깍째깍 시간이 흐를수록 걱정만 커져 갔다. 암피트리테는 조금이라도 더 잘 볼 수 있을까 하는 마음에 바위 끝을 향해 움직였다.

"아얏!"

암피트리테가 낮게 비명을 질렀다. 서두르다가 그만 돌멩이 위에 앉아 버린 모양이었다. 그런데 자세히 내려다보니 돌멩이가 아니라 분홍색 진주알이었다. 밤사이 파도에 밀려 바위 위로 쓸려 온 모양이었다.

암피트리테는 진주를 집어 들고서 이리저리 살펴보았다.

"네가 소원 진주라면 좋을 텐데."

암피트리테는 아차 싶어서 얼른 덧붙였다.

"만약 네가 정말 소원 진주라면 방금 그 말은 내 진짜 소원이 아니야."

인어들 사이에는 오랜 전설이 있었다. 바닷속 어딘가에 마법의 힘을 지닌 특별한 진주가 있어서 그걸 지닌 자의 간절한 소원을 들어준다고 했다. 그간 수많은 선원과 인어들이 그 진주를 찾아 평생을 헤매었지만, 지금까지 아무도 찾은 이가 없었다. 정말 그런 진주가 존재하는지조차 정확히 알지 못했다. 크기는 어느 정도인지, 무슨 색깔인지 구체적인 정보도 없었다. 하지만 암피트리테는 이렇게 진주알을 찾을 때마다 혹시 마법 진주일까 싶어서 늘 소원을 빌었다.

암피트리테는 진주알을 손에 꼭 쥐고서 나직이 중얼거렸다.

"내 소원은 지금 바로 변신 주문에 성공하는 거야. 그래서 테티스가 할리아를 안전하게 데리고 올 수 있게 돕고 싶어."

그러다 암피트리테는 눈을 번쩍 뜨고서 외쳤다.

"앗, 잠깐! 할리아가 무사하게 해 달라고 빌어야 했는데!"

소원을 잘못 빌어서 기회를 낭비한 걸까? 하지만 되돌리기에는 이미 늦었다. 전설에 따르면 마법 진주는 딱 한 가지 소원만 들어준다고 했다. 암피트리테는 이왕 이렇게 된 김에 소원이 이루어졌는지 확인하려고 얼른 주문을 외웠다.

꼬리에서 다리로,
바다에서 뭍으로
변신의 힘 더불어!

암피트리테는 기대에 부풀어 자신의 황금빛 꼬리를 지켜보았다. 하지만 아무 일도 일어나지 않았다. 암피트리테 어깨가 축 늘어졌다.

'완전 실망이야!'

어린 할리아와 에라토를 포함한 자매 중 절반은 이미 변신 능력이 있었다.

'나만 변신 능력을 받지 못하다니 억울해. 지금 같은 때 변신 능력이 있으면 얼마나 좋아!'

암피트리테는 진주를 바다에 도로 던져 버렸다.

퐁!

암피트리테는 다시 모래 언덕으로 눈길을 돌렸다. 테티스는 여전히 무릎을 꿇고 앉아 있었다. 암피트리테는 무슨 일이 벌어진 건지 알고 싶어 몸이 달았지만 다시 소리쳐 물을 엄두도 나지 않았다. 이른 시간이지만 혹시라도 밖에 나온 인간이 소리를 듣고 오면 큰일이기 때문이었다.

'아, 내가 어떻게든 도움이 된다면 좋을 텐데.'

암피트리테는 테티스가 할리아를 부축해서 일으킨 다음 끌다시피 데려오는 모습을 하릴없이 바라볼 수밖에 없었다.

아네모네 바위에 도착한 테티스가 말했다.

"뭍멀미야."

암피트리테가 보아도 뭍멀미가 분명했다. 다행히 숨을 쉬긴 했지만, 평소에는 건강하게 빛나던 할리아의 피부가 창백하게 변해 있었다. 할리아는 두 눈을 꼭 감은 채 머리와 팔다리를 힘없이 축 늘어뜨리고 있었다. 바다 바깥세상을 구경하느라 변신 능력을 사용한 모양이었다. 할리아의 꼬리가 있을 곳에는 무지갯빛으로 빛나는 연보라색 키톤과 다리가 자리하고 있었다.

"얼른 데리고……."

암피트리테가 말을 꺼낸 순간 난데없이 고함이 울려 퍼졌다. 아네모네 바위에서 뛰어서 2분 정도 걸리는 해변에 갑자기 인간 가족이 나타났다. 꽃무늬 수영복 차림을 한 금발 머리의 덩치 좋은 여자가 입에 두 손을 대고서 소리쳤다.

"도움이 필요하니? 친구가 어디 아픈 거야?"

"이런, 망했어!"

테티스가 바짝 긴장한 목소리로 속삭였다.

"인간이 우릴 봤어. 엄마가 이 사실을 알면 우린 죽었어."

물론 테티스의 말은 벌점을 받게 되리라는 얘기였다.

암피트리테는 재빠르게 테티스 뒤쪽으로 몸을 살짝 감추고서 상냥하게 미소를 지은 다음 손을 흔들어 답했다.

"괜찮아요. 고맙습니다!"
암피트리테는 계속 미소를 지으며 테티스에게 신호를 보냈다.
"웃어. 손도 흔들고. 행복한 척해야 해."
학교에서 '일광욕 기술' 수업을 들을 때 배운 대처법이었다.
테티스도 곧바로 환하게 미소를 지으며 소리쳤다.
"게임하는 중이에요. 어…… 해양 구조 놀이요!"
테티스와 암피트리테는 할리아를 바다로 데려갈 채비를 시작했다.
"그럼요."
암피트리테는 할리아를 살며시 바위 끝으로 밀며 나직이 투덜댔다.
"그러니까 신경 쓰지 말아 주세요, 인간 여러분."
위험한 상황이지만 두 소녀는 쿡쿡 웃음을 터뜨렸다. 그때 인간 가족의 어린 딸이 세 자매 중 유일하게 꼬리를 드러내고 있는 암피트리테를 가리키며 목청을 높였다.
"엄마, 저기 봐요. 인어예요!"
테티스가 암피트리테를 가리려고 앞으로 나섰지만 이미 정체가 드러난 뒤였다.
암피트리테는 애써 다시 밝게 웃으며 인간 가족을 향해 손을 흔들었다.

"이 인어 수영복 정말 귀엽죠? 시내 가게에 가면 이런 가짜 인어 꼬리 수영복을 살 수 있을 거예요. 그럼 또 만나요!"

암피트리테의 말이 떨어지기 무섭게 테티스가 할리아를 바다로 밀어 넣고서 뒤따라 들어갔다. 암피트리테도 바위 끝으로 가서 바닷속으로 뛰어들었다.

풍덩! 풍덩! 풍덩!

할리아는 여전히 아무 반응 없이 암피트리테와 테티스 사이에서 아래로 가라앉기만 했다.

테티스의 입에서 거품이 뽀글뽀글 솟아올랐다. 몸이 더 가라앉기 전에 얼른 다시 변신하려고 주문을 외우는 중이었다.

다리에서 꼬리로,
뭍에서 바다로
도돌이표 변신!

테티스는 순식간에 주황색 꼬리를 가진 인어로 되돌아왔다. 할리아에게도 주문의 효과가 나타났다. 변화가 훨씬 느리기는 했지만, 다리가 연보라색 꼬리로 변하고 있었다. 암피트리테는 한결 마음이 놓였다. 잠시 후, 할리아가 부르르 떨더니 회색의 두 눈을 반짝 뜨고서 방긋 웃었다.

할리아가 꼬리를 한 번 획 차더니 암피트리테와 테티스를 번갈아 끌어안았다.

"언니들이 날 구하러 올 줄 알았어!"

암피트리테와 테티스도 막내 동생을 꼭 안아 주었다. 무사한 할리아를 보니 갑자기 마음이 놓여서 정신이 어질어질할 정도였다.

"이렇게 멀리까지 돌아다니면 어떻게 해? 위험하단 말이야."

먼저 암피트리테가, 이어 테티스가 꾸지람을 퍼부었다.

"하마터면 인간한테 들킬 뻔했잖아. 인간들이 널 우리가 절대 찾을 수 없는 곳으로 끌고 가면 어쩌려고 그래? 자칫하다간 죽을 수도 있어!"

할리아는 대답 대신 꼬리 호주머니에서 무언가를 꺼냈다. 인어라면 누구나 꼬리 옆에 호주머니가 달려 있어서 물건을 지닐 수 있었다. 할리아의 손에는 완벽하고도 아름다운 모양의 조개 껍질이 들려 있었다.

"대신 이걸 찾아냈잖아."

할리아는 생글거리며 설명했다.

"오늘 조개 연구 수업 때 아이들이랑 같이 살펴볼 거야."

암피트리테와 테티스는 짐짓 눈길을 주고받았다. 동생의 반응이 짜증스럽기도 재미있기도 했다. 둘은 할리아에게 더 잔소리해 봐야 소용없다는 걸 잘 알고 있었다. 동생들은 한창 자라는 중이었다. 머지않아 이 호기심 넘치는 아이들을 막을 길도 없어질 터였다. 동생들이 육지 세상을 점점 더 탐험하면 할수록 뭍멀미에 걸릴 위험도 커질 수밖에 없었다.

부우웅!

저 멀리서 나지막한 뱃고동 소리가 울려 퍼졌다. 아버지 네레우스가 오래전 난파된 배에서 뱃고동을 주워 어머니에게 가져다주었는데, 지금은 수업 시작과 끝을 알리는 신호로 사용하고 있었다.

할리아가 언니들에게 소리쳤다.

"학교 뱃고동 소리야! 언니, 서둘러야 해. 1교시가 조개 연구 수업이란 말이야."

할리아는 신이 나는지 연보라색 꼬리를 한 번 내리치더니 얼른 학교 쪽으로 향했다. 뭍멀미가 나긴 했는지 의심스러울 정도였다.

암피트리테와 테티스도 서둘러 출발했다.

"동생들이 다 그런 건 아니지만 몇몇은 늘 여기저기 돌아다니고 싶어 하잖아. 왜 그러는지 난 이해가 안 돼."

테티스가 앞장선 할리아를 바라보며 말했다.

"바다에 할 일이 얼마나 많은데. 땅을 걸어 다니는 건 잠깐 헤엄 방학을 가진다고 생각하고 한 번씩 해야 재미있지. 누가 늘 그러고 싶겠어?"

"난 그러고 싶은데."

암피트리테는 저도 모르게 대답을 뱉고서 스스로 놀라 눈을 휘둥그레 떴다. 테티스가 경악하며 암피트리테를 말똥말똥 쳐다보았다.

"정말? 언제부터?"

"늘 그랬어. 육지 세상을 구경하며 돌아다니면 말도 안 되게 재미있을 것 같아."

암피트리테는 쑥스러워서 꼬리를 힘껏 차며 앞으로 나아갔다. 부드러운 청록색 머리칼이 따라서 확 나부꼈다.

테티스는 얼른 쫓아와서 방향을 획 틀더니 뒤로 헤엄치며 암피트리테를 빤히 쳐다보았다.

"그럼 할 수 있다면 고향을 떠날 거란 얘기야? 우리를 떠난다고? 늘 그랬단 말이야?"

"아니야! 난, 난 상상만 해 본 것뿐이야."

암피트리테는 다른 인어들의 반응이 두려워서 주변 육지를 탐험해 보고 싶다는 열망을 비밀로 간직하고 있었다. 그런데 지금 테티스의 반응이 딱 그랬다. 암피트리테는 억지로 미소를 지어 보였다.

"난 절대 너랑 우리 동생들을 떠나지 않을 거야. 어떻게 그러니? 난 너희들을 저어엉말 사랑하는걸. 어서 가자. 이러다 늦겠어!"

테티스를 비롯한 다른 자매들은 바다에서 지내는 생활만으로도 만족하고 있었다. 하지만 인어 중에서도 늘 육지에 끌리는 이들이 있었다. 암피트리테도 그중 하나였는데, 여행과 신기한 경험을 하고 싶은 암피트리테의 열망이 이루어질 가능성은 보이지 않았다. 변신 능력이 없어서만은 아니었다.

'동생들이 나에게 의지하고 있잖아. 절대 내버려 두고 떠날 수 없어. 혹시 마법 같은 기적이 일어나서 내 도움 없이도 동생들이 안전하게 지낼 수 있게 된다면 모를까.'

테티스가 갑자기 손가락을 딱 튕기는 바람에 암피트리테는 화들짝 주의를 돌렸다.

"아, 맞다! 깜박하고 말을 안 했네. 어제 제우스 님이, 신들의 제왕인 바로 그 제우스 님이 말이야. 아빠한테 특별 안내문을 보내셨어. 오늘 올림포스 학교에서 템플 게임이 공식적으로 시작된다고 말이야. 우리 지중해 학교를 비롯한 모든 학교가 새로운 소식을 목 빼고 기다리게 될 거야. 게다가 소문이 돌고 있어. 올해는 '우리' 중 몇 명도 초대를 받아서 게임에 참가하게 될 것 같대. 그렇게 된다면 단번에 수면 위까지 피웅 뛰어오를 만큼 근사할 것 같지 않니? 아빠가 내일이면 좀 더 자세한 소식이 올 거라고 하셨어."

암피트리테의 마음속에 불꽃이 반짝 튀는 듯했다. 템플 게임은 일주일 동안 참가자의 힘과 전략, 기술을 겨루는 경기였다. 여느 십 대 아이들이 그렇듯 암피트리테도 〈십대들의 두루마리〉 잡지에서 템플 게임에 대한 기사를 여러 차례 보았다. 암피트리테의 자매들은 〈십대들의 두루마리〉 잡지가 나올 때마다 꼬박꼬박 챙겨서 열심히 읽었다. 만약 인어 중 누군가가 템플 게임에 참가하고 그 팀이 우승한다면, 인어 세상이 큰 명예를 얻고 그야말로 뉴스거리가 될 수 있었다!

'팀에 뽑히는 것만으로도 엄청난 명예지, 뭐. 아! 템플 게임에 함께할 수 있다면 얼마나 좋을까?'

암피트리테의 입술에서 한숨 거품이 뽀글 솟아올랐다.

'휴! 소문이 사실이라 해도 내가 뽑힐 리가 없잖아. 난 변신 능력도 없는걸. 내가 팀에 무슨 도움이 되겠어? 고향을 떠나 세상 구경을 한다는 건 내겐 어림도 없는 소리야.'

암피트리테는 입술을 지그시 깨물었다.

'누구든 우리 가족 중에서 뽑힌다면 행복한 척을 해야겠지. 아니, 실제로도 행복할 거야. 그래도……. 아, 나도 함께할 수만 있다면…….'

동료 고르기
포세이돈의 이야기

"올림포스 학교 학생 여러분!"

제우스 교장 선생님이 우렁차게 외쳤다. 때는 월요일 아침, 제우스는 학교 현관 계단 위에 서서 아래쪽 뜰을 내려다보고 있었다.

"올해 템플 게임 참가자 명단을 발표하겠다!"

바다를 다스리는 소년 신 포세이돈은 교장 선생님의 고함에 얼른 주의를 돌렸다. 뜰에 나와 있던 나머지 아이들도 마찬가지였다. 이곳에 모인 아이들 모두 바로 이 순간만을 기다리고 있었다.

제우스 교장 선생님 뒤로는 5층짜리 학교 건물이 위풍당당하게 아이들을 굽어보고 있었다. 그리스에서 가장 높은 올림포스산 꼭대기에 자리한 이곳은 윤기가 흐르는 흰색 돌로 지어졌고, 사방이 이오니아식 기둥으로 둘러싸여 정말로 멋졌다.

청동으로 만들어진 학교 현관문 앞에 선 제우스는 강력하고 위엄 있어 보였다. 신들의 제왕이자 하늘을 다스리는 자이며 올림포스 학교 교장도 맡고 있고 키마저 2미터가 넘으니 그럴 수밖에!

그 사실만으로는 남의 이목을 끌기 모자랐던 걸까? 제우스는 온몸에 근육이 울퉁불퉁 불거졌고, 붉은 머리카락은 사방으로 헝클어져 있었으며 푸른 눈동자는 상대를 꿰뚫어 볼 것처럼 매섭게 빛나는 데다 성미마저 불같았다. 번개를 던져 적을 흔적도 없이 날려 버리는 기술은 말할 필요도 없었다. 게다가 제우스의 적이 아니라 해도 안심할 수 없는 노릇이었다. 누구든 지독히 운이 없어서 제우스를 정말로 화나게 만들면 손끝에서 파지직 튀어나오는 불꽃 세례를 맞을 위험에 처했다. 실수로 교장실 벽이나 가구를 그을려 버리는 일도 허다했다. 제우스의 딸인 아테나를 포함해서 올림포스 학교 학생은 모두 제우스를 어느 정도 두려워했다. 물론, 그만큼 존경하는 마음도 크지만 말이다!

쇠스랑처럼 생긴 삼지창에서 물이 뚝뚝 떨어져 포세이돈의 팔을 타고 흘러내렸다. 포세이돈은 그제야 자신이 삼지창을 덜덜 흔들어댔다는 걸 깨달았다. 참가자 명단에 자신의 이름이 있는지 기다리느라 너무 긴장한 모양이었다. 포세이돈은 삼지창을 잡은 손에 힘을 풀었다. 그간 여러 올림포스 학교 아이들이 템플 게임에 참가할 수 있기를 바라며 몇 주 동안이나 열심히 훈련을 해 왔다. 하지만 그렇다고 해서 긴장한 티를 낼 수는 없는 노릇이었다.

드디어 제우스가 두툼한 손에 든 두루마리를 펼쳤다.

촥!

모두들 기대에 부풀어 목을 쭉 빼고서 귀를 기울였다.

포세이돈은 아침에 먹은 암브로시아와 달걀이 갑자기 소화가 안 되어 체할 것만 같은 느낌에 휩싸였다. 심장 고동이 빨라지고, 온몸이 빳빳하게 긴장됐다. 제우스의 손에 들린 명단이 모든 것을 바꿀 수도 있었다. 아니, 이번 발표가 포세이돈의 인생 전체를 바꿀 가능성마저 있었다.

'불멸의 존재이든 인간이든 다들 나더러 다 가진 녀석이라고 하지. 하지만 그렇지 않단 말이야.'

물론 포세이돈은 학교에서 가장 인기 있는 아이 중 하나였으며 따르는 여학생도 많았다. 인간 세상에서 늘 팬레터가 날아왔고, 학교에도 포세이돈을 짝사랑하는 여학생이 한둘이 아니었다. 성적은 거의 늘 A를 받는 데다, 심지어 바다를 지배하는 신이기까지 했다. 그렇지만 이런 포세이돈의 인생에도 한 가지 부족한 점이 있었다.

'이런 큰 경기에서 팀 주장으로 뽑히는 게 그 부족한 점을 채우는 첫걸음이 될 거야.'

제우스가 목을 가다듬고 있을 때 누군가 포세이돈의 어깨에 손을 턱 얹었다. 포세이돈은 깜짝 놀라 고개를 돌렸다.

"어이, 친구. 왜 그래? 청록 빛깔 얼굴이 긴장해서 아예 초록색이 됐잖아."

전쟁의 소년 신 아레스가 농담을 툭 던졌다. 금발에 파란 눈을 가진 이 미남 소년은 짓궂은 농담을 즐겼다. 한때는 다른 아이들을 괴롭히기도 했지만, 여자 친구인 아프로디테의 도움으로 요즘 들어 성미가 많이 누그러들었다.

아레스의 곁에는 아폴론과 하데스가 함께 서 있었다. 아폴론은 진실과 예언, 음악을 관리하는 소년 신이며 쌍둥이 누나 아르테미스와 마찬가지로 활 솜씨가 뛰어났다. 하데스 역시 소년 신으로 죽은 자들이 가는 지하 세계를 다스렸다.

포세이돈은 셋 앞에서 짐짓 여유롭게 어깨를 들썩여 보였다.
"긴장은 무슨 긴장? 그냥 좀 피곤해서 그래 보이나 보지."
그 소리를 듣더니 헤라클레스가 다가왔다. 헤라클레스는 인간이지만 전쟁의 신인 아레스보다 훨씬 체격이 좋았다. 그리고 오늘도 변함없이 사자 가죽 망토를 두르고 커다란 몽둥이를 한쪽 어깨에 둘러메고 있었다.
"무슨 말인지 내가 잘 알지."
헤라클레스가 쾌활하게 웃으며 말했다.
"과연 명단에 들었을지 궁금해서 나도 어제 잠이 안 오더라."
그 말에 포세이돈이 서둘러 대꾸했다.
"난 그냥 늦게까지 불멸 쇼핑센터를 돌아다녀서 그래."
포세이돈은 참가자 명단에 뽑히기를, 어느 팀의 주장이 되기를 얼마나 간절하게 바라는지 친구들한테 솔직히 드러낼 자신이 없었다.
"애들아, 쉿! 좀 들어 보자."
아폴론이 제우스 쪽으로 고갯짓을 했다. 어느 교직원이 제우스에게 말을 걸어서 발표가 잠시 중단되었다가 다시 시작되려는 참이었다.
"올해는 방식을 달리해 보려 한다."

제우스가 씽긋씽긋 웃으며 말했다.

"이번에는 팀원 구성에 변화를 줄 작정이야. 예전에는 올림포스 학교에서 각각 다섯 명으로 이루어진 팀 일곱을 보냈다. 그러면 그 팀들이 곳곳의 신전에서 벌어지는 게임에서 서로 겨루었지. 그런데 올해는 학생 중에서 주장 일곱 명을 먼저 뽑은 다음, 그 주장들이 팀 동료 두 명을 직접 선발하도록 하겠다."

학교 뜰 전체가 웅성거렸다. 포세이돈은 이 변화를 어떻게 받아들여야 할지 알 수가 없었다.

'그럼 이제부터는 각 팀이 세 명으로 구성된다는 걸까? 왜 그렇게 인원이 적은 거지?'

포세이돈의 생각을 듣기라도 한 듯 제우스가 우렁우렁한 목소리로 술렁이는 소리를 잠재웠다.

"다른 지역과 우호적인 문화 교류를 하자는 뜻에서 각 팀의 주장은 나머지 동료 두 명을 가능한 다른 학교 학생으로 뽑도록 한다. 그러면 예전처럼 한 팀당 인원이 주장을 포함해 총 다섯 명이 되겠지. 자, 정리하자면 올해 템플 게임 참가자는 올림포스 학교뿐만 아니라 전 세계에서 온 학생 서른다섯 명으로 이루어질 거라는 말이다. 알겠느냐?"

아이들이 다시 웅성대자 제우스가 뜰을 한 번 휙 훑어보았다. 아이들은 대번에 조용해져서 고개를 열심히 끄덕였다. 제우스가 다시 입을 열었다.

"이제부터 발표할 일곱 명의 주장은 지원한 학생 중에서 뽑았다. 박수는 일곱 명의 이름이 모두 호명된 뒤에 치도록."

드디어 제우스가 명단으로 눈길을 돌렸다.

"이번 템플 게임에서 우리 학교를 대표할 주장은……."

제우스는 일부러 말을 멈추고서 발표를 기다리느라 잔뜩 긴장한 아이들을 쓱 쳐다보았다. 그러더니 마침내 이름을 부르기 시작했다.

"아폴론, 아레스, 아르테미스, 아테나, 이리스, 메두사, 마지막으로 파마다!"

'응?'

포세이돈은 온갖 감정에 휩싸였다. 그중에서도 실망감이 감당할 수 없을 정도로 큰 자리를 차지했다. 포세이돈은 속이 메슥거리고 토할 것만 같았다.

'내가 안 뽑혔다고? 어떻게 그럴 수가 있지?'

포세이돈도 뽑힌 아이들만큼 몇 주 동안 운동장 안팎에서 열심히 훈련을 해 왔다. 포세이돈이 템플 게임에 참가할 만한 재목이란 건 모두가 아는 사실이었다. 그렇다면 제우스는 포세이돈을 일곱 팀 중 하나에 배치할 작정인 듯했다.

'내가 다른 주장의 지시에 따라 열심히 움직이길 바라시는 건가? 난 남한테 명령을 받고 싶지 않아. 난 앞에서 남들을 이끌어가는 운명을 타고났다고. 어째서 교장 선생님이 그 점을 못 알아보신 거지?'

포세이돈은 분노가 치밀었다.

'이건 말이 안 돼! 파마는 뽑혔는데 내가 안 뽑히다니? 이게 사실이야? 그래, 파마는 날개를 가졌지. 하지만 날 수 있다고 운동을 잘하는 건 아니잖아. 성적이 나만큼 좋지도 않은걸. 파마의 가장 큰 재능은 소문의 여신으로서 소식을 널리 전하는 거잖아. 그래서 〈십대들의 두루마리〉 잡지에 소문 칼럼까지 연재하는 거고. 하지만 그건 주장으로서의 자질과는 무관해!'

포세이돈이 보기에 메두사가 뽑힌 건 그래도 이해할 수 있었다. 포세이돈은 초록색 피부에 뱀 머리칼을 가진 소녀에게 눈길을 돌렸다. 메두사는 불멸의 존재가 아니라서 마법을 쓸 수는 없었다. 하지만 눈총을 쏘아 다른 인간을 돌로 만들어 버리는 능력을 지녔으니 게임에서 유용하게 써먹을 수 있을 터였다. 뜻하지 않게 메두사에게 보는 처지에 따라 골칫거리인 이 능력을 준 아테나는 메두사가 돌눈총 능력을 조절할 수 있도록 특별히 스톤글라스도 만들어 주었다. 메두사는 이 자리에서도 스톤글라스를 쓰고 있었는데, 햇빛으로부터 눈을 보호하기 위해서가 아니라 자신의 눈총으로부터 인간 학생들을 보호하기 위해서였다.

"명심해라. 팀의 일원으로 뽑히는 건 큰 영예야."

제우스가 다시 말을 이었다.

"모두 다 참가하지는 못하지만 그래도 다음 기회가 또 있지 않느냐. 자, 조금 있으면 헤르메스가 템플 게임 규칙을 세세히 기록한 두루마리를 가져올 거다. 그러면……."

그때, 제우스 뒤에 서 있던 행정실의 히드라 선생님이 갑자기 앞으로 나와서 제우스 곁에 섰다. 히드라 선생님은 머리가 아홉인데 머리카락의 색깔과 성격이 저마다 다 달랐다. 녹색 머리 선생님은 짜증이 많았고, 분홍색 머리 선생님은 제우스 교장 선생님에 대한 소문이라면 파마만큼 관심이 많았다. 그리고 바로 지금, 기다란 목을 뻗어 제우스의 귀에 무언가를 속삭이고 있는 이는 가장 일을 잘하는 회색 머리 선생님이었다.

제우스의 숱진 눈썹이 위로 휙 치솟았다. 제우스의 눈에 놀란 기색이 가득했다. 제우스는 히드라 선생님과 무언가를 급히 의논하더니 다시 아이들 쪽으로 돌아섰다.

"갑자기 말을 하다 말아서 미안하구나. 히드라 선생님께서 지금 다시 말씀해 주셨는데, 파마는 템플 게임의 주장이 아니라 기자로서 참가한다. 일곱 번째 주장은…….”

제우스는 말을 멈추고 열심히 머리를 굴렸다. 그러더니 이마를 톡톡 치며 씩 웃었다.

"아, 기억났다. 일곱 번째 주장은 포세이돈이다!"

포세이돈의 온몸에 소름이 쫙 돋았다. 조금 전의 실망감은 사라지고 기쁨이 치솟았다.

'나도 뽑혔어!'

"오, 포세이돈. 잘됐는데!"

아폴론이 슬쩍 웃으며 포세이돈을 팔을 툭 쳤다.

"네가 주장으로 참가하지 않으면 템플 게임이 무슨 재미가 있겠어?"

"고맙다. 뭐, 별로 걱정은 안 했어."

포세이돈은 슬쩍 거짓말을 했다.

"분명 실수가 있었을 거라 생각했거든. 너희들한텐 '진짜' 경쟁이 필요하잖아. 나 아니면 누가 그런 기회를 가져다줄 수 있겠냐?"

그 말에 다들 하하하 웃음을 터뜨렸다. 사실, 친구들은 하나 하나 대단한 실력을 갖고 있었고, 앞으로 펼쳐질 게임마다 예기치 않은 상황을 맞이하며 진정한 승자를 가려야만 했다.

그때 하늘에서 갑자기 번쩍하고 금속 섬광이 지나갔다. 포세이돈을 둘러싼 소년들은 그쪽으로 눈길을 돌렸다. 커다란 날개가 달린 아름다운 은색 전차가 구름을 헤치고 나타났다. 전차 안에는 보라색 리본으로 묶은 15센티미터 길이의 파피루스 두루마리가 수백 개나 쌓여 있었다. 전차 앞으로 날개가 달린 모자를 쓴 남자가 보였다. 바로 택배 서비스를 운영하는 헤르메스였다.

헤르메스는 능숙한 솜씨로 전차를 옆으로 기울인 채 급강하하기 시작했다.

띠용!

전차 뒤에서 커다란 스프링이 튀어 오르더니 두루마리들을 하늘 높이 날려 보냈다. 몇 초가 흐르자 중력에 의해 방향을 바꾼 두루마리가 아이들의 머리 위로 비처럼 쏟아져 내렸다. 헤르메스는 이어서 운전석 옆에 있던 상자 뚜껑을 밀어 열었다. 안에서 작은 날개를 단 보라색 두루마리가 날아올랐다. 헤르메스는 한 번 서지도 않고 그대로 전차 방향을 틀더니 저 푸른 하늘로 다시 날아가 버렸다.

학교 뜰에 모여 있던 아이들이 쏟아지는 두루마리를 하나씩 잡자, 두루마리가 저절로 착 펴졌다. 잠시 후 뜰에 있던 아이들은 모두 템플 게임 규칙을 읽느라 고개를 숙이고 있었다. 포세이돈도 하얀 두루마리를 잡으려 했지만, 보라색 두루마리가 일곱 명의 주장에게 먼저 날아왔다. 포세이돈은 허공에 떠 있는 두루마리 중에서 자기 이름이 쓰인 걸 잡았다.

아레스가 자신의 두루마리를 펼쳐 보고서 소리를 질렀다.

"이것 봐! 이 두루마리엔 우리 학교에서 뽑힌 팀 동료 이름이 쓰여 있어."

포세이돈은 서둘러 두루마리를 펼치고서 자기 팀에 배정된 올림포스 학생 두 명의 이름을 확인했다.

'어디 보자. 한 명은…… 판도라? 흐으으음.'

솔직히 말해서, 포세이돈에게 동료 선발권이 있었다면 판도라는 고려 대상이 전혀 아니었다.

'판도라는 인간이라 마법 능력도 없고, 짜증이 날 정도로 호기심이 많은걸. 내가 명령할 때마다 질문을 퍼부어댈 거야!'

두 번째 동료는 하데스였다.

'그래. 이 정도는 돼야지!'

하데스는 포세이돈의 룸메이트이면서 믿음직한 소년 신이었다. 사실 포세이돈이 보기에도 하데스는 주장이 되고도 남을 실력자였다. 게다가 지하 세계를 다스리는 신이니, 만약 게임을 하다가 그곳에 가게 될 일이라도 생긴다면 팀에 큰 도움이 될 듯했다.

'흠, 교장 선생님은 어떤 기준으로 주장을 뽑으신 걸까? 하데스나 헤라클레스 같은 녀석 대신 왜 메두사를 뽑으신 거지? 뭐, 교장 선생님 나름의 깊은 생각이 있으시겠지. 시간이 흐르면 교장 선생님이 현명한 결정을 내렸다는 게 늘 드러나니까.'

포세이돈이 생각에 빠져 있는 사이, 주변에서 즐거운 탄성이 울려 퍼졌다. 열심히 연습했지만 뽑히지 못한 이들도 실망감을 억누르고서 선발된 아이들에게 축하 인사를 건넸다.

'다 같이 참여할 수 있으면 좋을 텐데 아쉽네. 그래도 내게 기회가 와서 다행이야!'

"주장들은 보라색 두루마리를 항상 지니고 다니도록!"

제우스가 소리쳤다.

"그 두루마리에는 마법의 힘이 깃들어 있어서 게임이 진행되는 동안 도움이 될 만한 실마리나 지시 사항 그리고 각종 소식과 전달 사항을 알려 줄 거다."

제우스가 잠깐 말을 멈춘 틈에 히드라 선생님의 회색 머리가 다시 제우스의 귀에 대고 뭐라고 속삭였다.

"아, 그렇군. 그렇지. 그 말을 하려던 참이었소."

제우스가 다시 아이들을 바라보며 말문을 열었다.

"조금 전에 말하려던 대로, 게임에 참석하지 않는 학생들을 위한 특별 발표를 하겠다!"

제우스의 우렁우렁한 목소리가 평소보다 한층 더 들떠 있었다. 제우스는 헤르메스가 배달한 하얀색 두루마리 중 하나를 집어 들고서 자랑스럽게 바라보았다.

"이제 머나먼 곳에서 템플 게임이 어떻게 진행되고 있는지 궁금해하지 않아도 된다. 올해는 파마가 기자로 활동하기 때문에 중요한 소식이 있으면 '그 즉시' 보라색과 흰색 두루마리에 나타날 거다. 지금 헤르메스가 전 세계 여러 지역의 지배자에게 이 마법 두루마리를 배달 중이지. 그곳에서도 소식을 바로 접할 수 있도록 말이야. 참고로, 이 두루마리는 내가 직접 발명하고 '안두루이드'라고 이름 붙였다. 근사하지 않느냐?"

제우스는 아주 만족스러운 표정으로 근육이 울퉁불퉁 불거진 팔을 쫙 펼쳤다. '짜잔! 내가 끝내주는 아이디어를 냈지?'라고 말하는 듯했다. 제우스는 팔을 펼친 채 아이들을 빤히 쳐다보았다. 뭔가 바라는 눈치였다.

"애들아, 박수, 박수."

근처 어딘가에서 아테나가 속삭이는 소리가 들렸다. 아테나의 충고에 따라 아이들은 학교가 떠나갈 듯이 손뼉을 쳤다. 제우스의 얼굴에 만족스러운 미소가 지어졌다. 제우스는 싱글싱글 웃으며 소리쳤다.

"자, 주장들은 오늘 저녁 식사 시간까지 행정실의 히드라 선생님께 너희들이 뽑은 동료 두 명을 알려드리도록! 그러면 히드라 선생님께서 그 아이들도 내일 아침 델피 신전에 모일 수 있게 주선해 주실 거다. 거기서 일곱 팀 전원이 모여 아주 특별한 마법 정보를 받게 될 거야. 행운을 빈다! 그럼 해산!"

제우스는 곧장 뒤돌아서더니 청동 문을 힘차게 밀고서 학교 안으로 들어가 버렸다.

포세이돈은 팀 구성 문제는 잠시 제쳐 두고서 보라색 두루마리에 나와 있는 안내 사항을 마저 훑어보았다. 여느 해와 마찬가지로 여행 기간 내내 음식이 제공될 거란 이야기가 먼저 눈에 띄었다.

"게임 기간에 방문하는 신전에서 검은색 장식이 새겨진 질그릇을 찾으십시오."

아레스가 큰 소리로 두루마리 내용을 읽었다. 포세이돈과 똑같은 부분을 읽고 있는 모양이었다.

"안에 한 끼 분량의 음식이 들어 있을 것입니다. 나머지 끼니는 여러분이 주변에서 직접 구해서 해결해야 합니다."

아프로디테가 아레스 곁으로 다가오더니 잠자코 서서 두루마리를 함께 읽었다. 자신의 두루마리를 열심히 읽던 아르테미스가 포세이돈 쪽으로 고개를 내밀었다.

"네 동료는 누구누구야?"

탁!

포세이돈은 얼른 두루마리를 말고서 싱글싱글 웃었다.

"알고 싶어?"

그러자 또 다른 주장이자 무지개의 여신인 이리스가 되받아쳤다.

"어휴, 내일이면 어차피 알게 될 텐데 뭘 그래?"

판도라도 고개를 끄덕이며 한마디 던졌다.

"그러게. 무슨 상관이래?"

"상관이 있지."

아레스가 포세이돈 대신 대답했다.

"팀 구성이 어떻게 되는지 밝히면 다른 주장들이 곧장 상대 팀이 가진 재능을 분석하기 시작할 거야. 그다음에는 그 팀을 박살 낼 방법을 궁리하겠지. 상대 팀에 누가 있는지 주장들이 마지막 순간까지 몰라야 그럴 확률을 줄일 수 있지 않겠어?"

아프로디테는 긴 금발 머리카락 끝을 손가락으로 빙글빙글 꼬다가 다시 풀고서 빙그레 웃었다.

"이 분야에서는 전쟁의 신이 하라는 대로 하는 게 낫겠네."

오늘 아프로디테는 머리카락 사이에 색색의 리본을 엮어 넣고서 뒤로 살짝 넘긴 다음, 파란 눈동자와 잘 어울리는 하늘색 조개 모양 핀으로 고정하고 있었다.

포세이돈은 여느 올림포스 학교 남학생들과는 달리 아프로디테를 짝사랑한 적이 없었다. 물론 포세이돈도 아프로디테가 아름답다는 사실은 인정했다. 사랑과 미의 여신이니 그럴 수밖에! 남학생들은 늘 아프로디테를 돕지 못해 안달이었다. 그러니 만약 아프로디테가 아레스의 팀이라면 그 아름다움이 아레스에게 도움이 될 게 분명했다. 포세이돈은 아프로디테를 빤히 쳐다보았다.

'설마 아레스 팀인 거야?'

아프로디테는 포세이돈의 눈길을 느끼고서 무슨 뜻인지 바로 알아차렸다.

"아니, 난 아레스 팀이 아니야. 난 누구의 팀도 아닌걸. 제우스 교장 선생님과 히드라 선생님이 각 신전에서 너희들이 마주하게 될 도전을 쓰실 때 페르세포네와 내가 도와드렸거든. 도전 내용을 아는 우리가 참가하면 불공평하잖아."

잠시 후, 친구들이 하나둘 자리를 뜨기 시작했다. 포세이돈은 저녁 식사가 끝날 때까지 기다렸다가 판도라와 하데스에게 소식을 알리기로 마음먹었다. 그때부터 해가 질 때까지 전략을 짜도 시간은 충분할 터였다. 지금은 급하게 고민해 봐야 할 다른 문제가 있었다.

팀 주장의 경우 이번 주 수업을 면제받기 때문에 포세이돈은 그날 하루를 오롯이 동료를 고르는 데 썼다.

'일단 바다 족속 중에서 뽑아야 해. 그럼 내가 다스리는 세계가 인정을 받을 테니 결국 나한테도 이득이지. 게다가 수영을 잘하는 아이들은 대부분 정신적으로도 신체적으로도 건강한 편이잖아.'

포세이돈은 도서관에서 모든 바다 생명체의 이름과 간단한 특징을 담은 책을 살펴보았다. 최종 후보자를 추려 명단을 작성한 다음 포세이돈은 체육관 지하에 자신이 직접 만든 수영장으로 갔다. 그곳이 조용하기도 하고, 포세이돈은 물에 둘러싸여 있을 때 판단을 더 잘하는 편이기 때문이었다.

'이번 선택은 완벽해야 해.'

포세이돈은 깊이 생각한 끝에 에게해와 지중해에서 가장 존경받는 인어 네레우스의 딸 중 한 명을 고르기로 했다. 네레우스는 예외이지만, 인어는 올림포스산에 사는 신들과 달리 불멸의 존재가 아니었다. 그렇다고 인간도 아닌, 제한적인 마법의 힘을 가진 중간자들이었다.

포세이돈은 네레우스의 큰딸인 테티스가 변신 능력도 있고, 물개 떼를 돌보는 자로 훈련받는 중이란 걸 알고 있었다. 둘 다 쓸모 있는 기술이니 포세이돈은 테티스를 동료로 뽑기로 마음먹었다.

'자기 딸이 뽑히면 네레우스가 확실히 우리 편을 들어줄 거야. 지금도 바다에서는 내가 유리하지만, 그렇게 된다면 아예 쐐기를 박는 셈이지! 만약 게임 중에 네레우스가 바다에 폭풍을 일으켜야 한다 해도, 설마 자기 딸이 있는 팀인데 매섭게 몰아치겠어?'

두 번째 선택은 생각보다 아주 수월했다. 포세이돈은 어린 시절 친구인 델피니오스를 초대하기로 했다.

'델피니오스는 돌고래로 변신할 수 있는 데다 물고기, 아니 돌고래처럼 수영도 잘하잖아. 땅에서도 잘 걸어 다니고 말이야. 녀석의 음파 측정 능력은 무언가를 찾아야 할 때 크게 도움이 될 거야. 게다가 영리하고 충성심도 넘치지.'

자신의 결정에 만족한 포세이돈은 저녁 식사 시간이 시작되기 전에 초청장을 보내려 행정실에 들렀다. 히드라 선생님의 아홉 머리 중 일을 가장 잘하는 회색 머리 선생님이 포세이돈의 두루마리 초청장을 펼치더니 내용을 쭉 훑어보았다.

"좋아. 겹치는 아이가 없네. 몇몇 주장들은 같은 후보를 고르는 바람에 다시 뽑아야 했단다."

초청장이 언제 발송되는지 포세이돈이 물어보려는 순간, 성미 급한 보라색 머리 선생님이 먼저 말을 꺼냈다.

"저녁 식사 후에 마법 바람이 초청장을 가져갈 거야."

포세이돈은 히드라 선생님께 인사를 하고 학교 식당으로 향했다. 동료 선발에 집중하느라 점심을 걸렀더니 배가 너무나 고팠다.

올림포스 학교의 소년 소녀 신들은 암브로시아라는 천상의 음식을 먹음으로써 불멸의 존재로 지낼 수 있었다. 식당 직원들은 암브로시아를 재료로 암브로시아 수프나 암브로시아 샐러드 등 여러 가지 요리를 만들어 냈다. 암브로시아를 먹고 넥타르라는 음료수를 마시면 불멸의 존재는 몸이 반짝반짝 빛났다. 하지만 올림포스 학교 학생이라도 인간일 경우에는 효과가 없었다.

포세이돈은 암브로토니 한 접시, 넥타르 한 팩, 주전부리 두어 가지를 골랐다. 문어처럼 팔이 여덟 개나 달린 식당 아주머니가 포세이돈에게 접시를 건네주었다. 오늘따라 식당이 유난히 북적여서 식당 아주머니가 부쩍 지쳐 보였다. 다가올 템플 게임 때문에 음식을 더 장만하느라 일이 늘어난 모양이었다.

포세이돈은 아주머니에게 힘내시라는 뜻으로 활짝 웃어 보였다.

"고맙습니다!"

포세이돈은 쟁반을 들고 늘 앉는 자리로 가려다가 마지막으로 간식 바구니에서 오라클 쿠키를 집어 들었다.

포세이돈은 친구들과 함께 앉아 허겁지겁 음식을 먹어 치우면서도 오라클 쿠키를 마지막 순간까지 아껴 두었다. 속으로는 예언을 듣고 싶어 안달이 났지만, 친구들이 자리를 뜰 때까지 기다리고

또 기다렸다. 마침내 모두 떠나자 포세이돈은 얼른 쿠키 포장을 뜯고서 한입 덥석 베어 물었다.

"내가 동료 두 명을 잘 골랐니?"

포세이돈은 당연히 그렇다는 대답이 나올 거라 자신했다.

작지만 근엄한 목소리가 대답했다.

"테티스가 당신보다 더 빛날 수 있습니다."

분명 오라클 쿠키에서 나는 소리였다.

"뭐?"

포세이돈은 눈을 휘둥그레 뜨고 오라클 쿠키를 바라보았다.

"테티스가 당신보다 더 빛날 수 있습니다."

작은 목소리가 포세이돈의 물음에 다시 대답했다.

"헐."

포세이돈은 입안에 든 쿠키를 얼른 삼켰다.

'어, 이건 곤란한데. 나는 실력 있는 동료를 원했지, 날 뛰어넘는 주장 재목감을 바란 건 아닌데. 그럼 나머지 아이들이 내 지도력을 인정하지 않을지도 몰라. 게다가 내가 끌어가야 할 동료한테 가려서 주장 역할을 제대로 해내지 못하면 창피하잖아. 흐ㅇㅇㅇㅇ음.'

올림포스 학교 식당에 있는 오라클 쿠키는 불멸 쇼핑센터에서 제과점을 운영하는 카산드라네 가족이 만들었다. 카산드라네 오라클 쿠키는 말을 할 수 있고, 예언도 아주 잘 맞는 편이었다(앞으로 벌어질 사실을 거꾸로 예언하는 '오라클 반사 쿠키'도 있었는데, 포세이돈이 집은 건 일반적인 오라클 쿠키였다).

걱정이 든 포세이돈은 자리에서 벌떡 일어났다. 퇴식구에 쟁반을 반납하는 순간에도 테티스 대신 누구를 고를까 하는 생각에 머릿속이 복잡했다.

'테티스는 쌍둥이라고 했어. 다른 아이의 이름은 암피트리테였지. 쌍둥이라면 그 애도 당연히 변신 능력이 있고 물개 떼를 돌볼 줄 알겠지? 내가 테티스의 그늘에 가려버릴 위험을 굳이 무릅쓸 필요가 있을까? 테티스 대신 암피트리테를 초대해야겠어. 이런, 서둘러야겠는걸.'

포세이돈이 행정실 안으로 뛰어든 순간, 히드라 선생님은 마법 바람에게 일곱 개의 초청장을 건네고 있었다.

"걱정하지 마."

일 잘하는 회색 머리 선생님이 말했다.

"네 초청장은 바다로 가야 하니까 물에 젖지 않도록 내가 물방울톡으로 잘 바꿔 두었단다."

"잠깐만요! 결정을 바꿨어요!"

포세이돈이 소리친 순간 히드라 선생님이 마지막 두루마리를 던졌다.

"늦었어."

늘 명랑한 노란 머리 선생님이 말했다.

"보다시피 초청장이 모두 발송됐단다."

포세이돈은 마법 바람이 두루마리 초청장을 들고 떠나는 모습을 멍하니 바라볼 수밖에 없었다. 템플 게임에 초대된 사실을 알고 기뻐할 참가자들을 위해 전 세계 곳곳을 돌아다닐 생각에 마법 바람은 잔뜩 신이 난 듯했다.

'그중에 델피니오스도 있고, 테티스도 있겠지. 나보다 더 뛰어날 수도 있는 테티스 말이야. 아주 잘 됐다, 잘 됐어.'

포세이돈은 마음이 무거웠다.

'혹시 테티스가 초대를 거절하기를 기대하는 건 무리일까? ……무리겠지. 누구나 자기 나라를 빛내고 싶어 하잖아. 묻기만 하면 다들 함께하겠다고 답할걸. 아, 다른 후보를 골라야 했는데!'

3
초대
암피트리테의 이야기

 동생의 뒤를 지키며 집으로 향하는 동안 암피트리테와 테티스는 아침부터 구출 작전에 나서느라 분주했던 마음을 진정시키려 했다. 할리아는 자신이 물멀미 때문에 목숨을 잃을 뻔했다는 사실을 전혀 모르는 눈치였다. 하지만 두 언니는 얼마나 위험했는지 똑똑히 알고 있었다.
 '이제 괜찮아. 잘 해결됐잖아.'
 암피트리테는 스스로를 다독였다.
 집에 도착한 셋은 각자의 방으로 가서 학교에 갈 준비를 했다. 암피트리테는 침대 밑에서 망원경을 꺼내어 작게 접은 다음 다른 준비물과 함께 그물 가방에 넣었다. 학교 도서관에서 빌려 재미나게 읽는 중인 두루마리 모험 소설도 챙겼다. 그런 다음 마지막으로 꼬리 비늘 사이에 숨겨져 있는 호주머니에 빗을 잘 넣었다.

모든 준비를 마치자 암피트리테는 그물 가방을 어깨에 걸고 핑그르르 소용돌이를 일으키며 자기 방에서 빠져나와 동굴 한가운데로 갔다. 암피트리테네 가족이 모두 모여 사는 바다 동굴은 크기가 어마어마했다. 은으로 만들어진 벽을 따라 부모님이 쓰는 안방과 가족이 다 함께 모일 수 있는 거실, 그리고 딸들이 쓰는 작은 방 오십 개가 곳곳에 자리하고 있었다. 사실 작은 방은 따로 만들었다기보다, 동굴 벽에 움푹 팬 홈에 사생활 보호를 위한 구슬 커튼을 치고 방으로 쓰고 있었다. 방들마다 이름이 붙어 있었는데, 그중에는 이름이 같은 경우도 있었다. 딸이 하도 많아서 부모님들이 같은 이름에 번호를 붙이는 식으로 이름을 지었기 때문이었다. 암피트리테도 '암피트리테 둘'이라는 동생이 있었고, 테티스는 '테티스 둘'과 '테티스 셋'까지 있었다. 이름이 같다 보니 당연히 헷갈릴 때도 많았다.

암피트리테는 앞을 제대로 살피지 않고 가다가 하마터면 아버지 네레우스와 부딪힐 뻔했다.

"아침에 할리아를 찾으러 나갔다며? 설마 그 애가 육지를 돌아다닌 건 아니겠지?"

네레우스가 아침 인사도 없이 엄하게 물었다. 기다란 바다뱀 꼬리를 가진 네레우스는 수염을 멋지게 기르고, 바다에서 모은 작은 보물로 장식한 그물 망토를 걸치고 있었다. 장식 중에는 금화도 있고 산호 조각과 신기하게 생긴 조개껍질, 고기잡이배 가 늘어뜨린 낚싯줄에서 슬쩍한 미끼도 보였다.

"네?"

암피트리테가 아버지를 향해 고개를 돌리며 얼른 대답했다.

"육지에 올라가려면 아빠 허락을 받아야 한다는 걸 할리아도 알고 있어요."

딱히 거짓말은 아니었다. 암피트리테는 부디 아버지가 그냥 넘어가 주길 바라며 천천히 꼬리를 살랑였다.

어린 동생들은 늘 규칙을 어겼다. 암피트리테와 테티스도 어렸을 때는 마찬가지였다. 아버지 네레우스는 모두를 안전하게 지키기 위해서 아주 엄격한 규칙을 세워 놓았다. 하지만 인어 중에서도 유난히 모험심 넘치는 이들은 아무리 위험하다 해도 육지의 유혹에 강렬히 끌렸다. 암피트리테도 매일 그 갈망이 점점 커지는 걸 느끼고 있었다. 그래도 지금까지는 혼자만의 비밀로 잘 간직했는데, 오늘 아침에 결국 테티스에게 속내를 흘리고 말았다.

"엄마와 난 너와 테티스가 집안 질서를, 특히 동생들과 물개 떼를 잘 지켜 주리라 믿고 있다. 엄마 아빠는 바쁘잖니. 널 믿어도 되겠지?"

암피트리테는 고개를 주억거렸다.

"예. 엄마 아빠 마음 알아요. 최선을 다할게요."

테티스와 암피트리테는 일주일에 두 번 물개 떼 돌보기 수업을 받았다. 그리고 아버지가 언젠가 그 일을 둘에게 온전히 맡기려 한다는 것도 알고 있었다.

'너어어무 재미없어!'

테티스는 물개 떼 돌보기를 무척 좋아했지만, 암피트리테는 도무지 흥미가 생기지 않았다. 하지만 네레우스가 이쪽 바다를 다스리는 책임자인 만큼 감히 그의 뜻을 거스르려 하는 자가 없었다.

'나라고 다르겠어?'

암피트리테는 가족을 사랑했고, 아버지에게 자랑스러운 딸이 되고 싶었다. 그래서 물개 떼 돌보기에 정을 붙여 보려고도 하고, 이곳 상황에 자연스럽게 녹아들어 지내려고 갖은 애를 썼다.

'하지만 내 진짜 속마음을 알면 다들 기절초풍할 거야!'
"아빠, 안녕히 주무셨어요?"

그때, 테티스가 다가오며 인사했다. 테티스의 반려 열대어인 드래곤피시가 그물 가방 안에서 웅크리고 있다가 걱정스러운 눈길로 주위를 두리번거렸다. 드래곤피시는 이름만 드래곤이지 순 겁쟁이라서 혹시 큰 물고기가 자신을 공격하지 않을까 늘 두려워했다. 다행히 지중해 학교는 반려동물을 데리고 등교를 할 수 있어서 겁 많고 수다스러운 드래곤피시가 테티스와 늘 함께 다닐 수 있었다.

네레우스는 테티스에게 따뜻한 미소를 보냈다. 방금 암피트리테에게 했던 설교도 늘 그랬듯 테티스한테는 하지 않았다. 둘이 함께 동생을 돌보기로 되어 있으니 암피트리테 입장에선 너무 불공평한 일이었다. 하지만 테티스는 특별 대우를 받았다. 모든 면에서 남보다 훨씬 뛰어나서 가족의 스타나 다름없기 때문이었다. 그런 테티스만큼 해내며 살려니, 암피트리테는 때때로 너무 힘들었다.

"자, 둘 다 어서 가 보려무나. 이러다 수업에 늦을라."

암피트리테와 테티스는 얼른 아빠를 안아 드리고 출발하려 했다. 둘이 떠나려는 순간, 네레우스가 말했다.

"템플 게임 초청장이 우리 집에도 올지 희망을 품고 기다려 보자꾸나. 바다 식구 중에서 뽑히면 좋을 텐데 말이다!"

네레우스는 생각만 해도 기분이 좋은지 웃으며 주먹을 한 번 휘둘렀다. 그러자 강력한 해류가 일어났다. 그 힘이 에게해 수면에 닿으면 운 없는 고기잡이배들이 난데없는 파도에 꽤나 고생을 할 듯했다.

"네! 아빠, 다녀오겠습니다."

암피트리테와 테티스는 입을 모아 인사한 다음 쑥 하고 출발했다.

잠시 후 둘은 학교에 도착했다. 지중해 학교는 오래전 폭풍우가 몰아칠 때 암초에 부딪혀 침몰한 해적선을 건물로 쓰고 있었다. 뱃머리 끝에는 아름답게 채색된 여인 조각상이 달려 있었는데, 그 아래 침몰할 때 생긴 큰 구멍이 바로 학교 정문이었다. 시험을 치는 날이면 아이들은 여인 조각상을 톡톡 치며 행운을 빌고서 학교에 들어갔다.

암피트리테와 테티스는 둘 다 1교시 수업으로 변신학을 들었다. 지금껏 한 번도 변신에 성공하지 못한 암피트리테에게는 전혀 반갑지 않은 수업이었다. 다른 아이들과 달리 암피트리테는 동작이나 규칙만 겨우 익혔을 뿐이었다.

무엇이든 잘하는 테티스는 서너 살 무렵에 이미 꼬리를 다리로 바꾸는 법을 익혔고, 지금은 아예 다른 형태로도 변할 수 있었다. 예를 들어 테티스는 뭍에 나가면 활활 타오르는 불꽃이나 사자로 변신할 수 있었다. 물론 바닷속에서는 다른 생명체를 겁주어 내쫓을 수 있는 무시무시한 바다뱀도 될 수 있고, 위험할 때는 작은 해마로 변해 몸을 숨길 수도 있었다.

테티스는 오늘 수업 동안 간단한 변신을 시도해 보라며 암피트리테를 열심히 구슬렸다. 정신을 집중해서 햇살 한줄기로 몸을 바꿔 보라는 거였다. 익혀 두면 육지에서 인간에게 발각되었을 때나, 바닷속에서 사나운 동물과 마주쳤을 때 도움이 되는 기술이었다.

"네가 일광욕 바위 위에서 구워지고 있는 플랑크톤 빵이라고 상상해 봐."

이야기를 한 테티스도 웃고, 듣고 있던 암피트리테도 까르르 웃었다.

"몸이 따뜻해지다가 점점 뜨거워지고, 더 뜨거워지면서 지글지글 구워지고 있어."

암피트리테는 고분고분하게 몸이 따뜻해진다고 생각하며 주문을 외웠다.

황금빛 비늘에서
황금빛 빛줄기로
인어에서 태양으로
변신의 힘 더불어!

"어때? 뭔가 변하는 것 같아?"
테티스가 암피트리테의 얼굴을 찬찬히 살피며 물었다.
"음, 꼬리지느러미 왼쪽 끝이 좀 얼얼한가? 잘 모르겠어."
암피트리테는 간절한 마음이 만들어 낸 상상일 뿐이라고 내심 확신했다. 이번에도 실패했다는 실망감이 몰려왔지만 그래도 암피트리테는 희망을 버리지 않기로 했다.
'내 인생 최초로 변신에 성공하는 날은 언제쯤일까? 그날이 어서 오면 좋겠어. 음, 언젠간 오겠지? 꼬리를 다리로 바꾸고 땅을 걸어 다닐 수만 있다면 더는 소원이 없을 것 같아. 단 몇 분이라도 말이야!'
2교시는 세이렌 선생님이 가르치는 '일광욕과 노래' 수업이었다. 아이들은 이 수업을 줄여서 '일래'라고 불렀다. 일래 수업은 보통 체육관에서 열렸는데, 오늘은 오래된 난파선으로 현장 학습을 떠날 예정이었다. 만약 그곳에서 악보를 찾아낸다면 새로운 선원들의 노래를 배울 기회를 가질 수 있었다. 암피트리테는 가방에 넣어둔 두루마리 모험 소설을 다 읽을 때를 대비해서 새로운 읽을거리를 찾게 되길 기대하고 있었다. 난파선에서 두루마리를 발견하게 될 경우, 인어들은 물속에서 썩지 않게 마법으로 보관 처리를 했다.

　난파선에 도착하자 암피트리테와 테티스는 먼저 피아노 뒤의 선반부터 뒤졌다. 그런데 가까이에 있던 인어가 뭔가에 놀랐는지 갑자기 비명을 질렀다. 암피트리테와 테티스는 얼른 그쪽으로 주의를 돌렸다. 비명을 지른 인어가 자기 머리 크기만 한 물방울에 얼굴을 부딪치는 광경이 눈에 들어왔다.

　"어휴, 깜짝이야! 그렇게 몰래 다가오면 어떻게 하니? 그러다 인어 잡는 수가 있어!"

　물방울이 톡 튕겨 나가서 주위를 떠다니자 부딪친 인어가 잔소리를 퍼부었다.

　"거대 물방울이다! 도망쳐!"

　구경하느라 테티스의 가방에서 나와 있던 열대어 드래곤피시가 고함을 지르며 가방 안으로 쌩 달아났다.

　"설마 물방울을 무서워하는 건 아니겠지?"

　암피트리테가 놀리자 드래곤피시가 기어드는 목소리로 대꾸했다.

"나보다 크잖아."

암피트리테와 테티스는 천장에 부딪혔다가 다른 아이에게로 날아가는 물방울을 빤히 쳐다보았다. 테티스가 물방울을 가리키며 먼저 말을 꺼냈다.

"저건 하나가 아니야. 작은 물방울 넷이 서로 붙어서 하나처럼 보이는 거야."

암피트리테는 눈을 찡그리고서 더 자세히 살펴보았다.

"어머, 그러네. 물방울 안에 글자도 보여!"

그러자 테티스도 물방울을 열심히 쳐다보며 고개를 갸웃거렸다.

"혹시 편지인가? 누가 보낸 거지?"

드래곤피시가 가방에서 고개를 쏙 내밀더니 바들바들 떨며 말했다.

"악마의 사악한 힘일지도 몰라."

암피트리테는 풋 하고 웃음이 났다.

"터뜨려서 무슨 내용인지 보자."

암피트리테는 머리 위에서 떠다니는 물방울을 향해 돌진하려고 꼬리를 살짝 말았다. 그 순간 물방울이 다시 어딘가로 움직이기 시작했다. 그러자 다른 아이들도 이상한 물방울이 나타난 걸 알아차리고서 암피트리테와 함께 물방울을 뒤쫓았다. 드래곤피시는 뭔가 불길한 일이 벌어질 거라고 투덜거렸지만 아무도 귀를 기울이지 않았다.

"누구한테 온 물방울톡이이이이일까아아아?"

세이렌 선생님이 자기 앞을 지나가는 물방울을 보고 노래로 소리쳤다. 아름다운 목소리를 가진 세이렌 선생님은 민요부터 팝송, 로큰롤, 클래식까지 온갖 노래를 부를 수 있었다. 물론 가장 좋아하는 노래는 오래된 뱃노래지만 말이다.

암피트리테는 세이렌 선생님 쪽으로 고개를 돌렸다.

'물방울톡? 그럼 저 물방울 안에 정말로 어떤 소식이 들어 있나 봐!'

세이렌 선생님이 다시 노래했다.

"여러분! 그만 쫓아다녀요. 물방울톡이 돌아다니다가 메시지 주인을 만나면 저절로 터질 거예요."

세이렌 선생님이 손뼉을 짝짝 치며 아이들의 주의를 집중시켰다.

"자자, 모두 하던 일로 돌아갑시다. 물방울톡이 자기한테서 터지지 않는 한 신경 끄세요오오오오오오오!"

아이들은 마지못해 난파선 수색을 다시 시작했다. 물방울톡은 계속 돌아다니면서 한 번씩 아이들에게 톡, 톡 부딪혔지만 별다른 반응은 없었다. 마침내 물방울이 암피트리테와 테티스 쪽으로 다가왔다.

"으악! 저기에 부딪히면 해초처럼 납작해질 거야!"

드래곤피시가 따개비로 뒤덮인 책상 너머로 후다닥 숨었다.

물방울톡이 암피트리테의 팔을 톡 건드렸다. 다음 순간 암피트리테는 눈을 휘둥그레 떴다. 물방울 중 하나가 "물톡!" 하는 소리를 내며 터진 것이다!

이어 물방울에서 글자와 선이 쏟아져 나오더니 난파선 바닥에 갈린 모래 위에 지도를 이루기 시작했다. 암피트리테는 너무 놀라서 아무 말도 못 하고 그 광경을 빤히 쳐다보고 있었다. 지도를 살펴볼 틈도 주지 않고 연이어 터진 다음 물방울이 작은 목소리로 외쳤다.

내일 아침까지 델피 신전으로 오시오.

"제가요? 왜요?"

어리둥절해진 암피트리테가 되물었다.

"쉿! 메시지가 더 있어."

사태를 알아차린 테티스가 얼른 곁으로 다가와서 속삭였다. 다른 아이들은 물방울이 터지기 시작한 걸 아직 알아차리지 못한 듯했다.

세 번째 물방울이 터지며 말했다.

당신을 템플 게임에 초대하오.

암피트리테와 테티스는 입을 떡 벌린 채 서로를 바라보았다.
"테, 템플 게임?"
암피트리테는 너무 놀라서 그 말밖에 하지 못했다. 마음속에서 실현 불가능한 희망이 용솟음쳤다.
"네가 템플 게임에 뽑혔대!"
테티스가 소리를 지르며 암피트리테를 덥석 끌어안았다.
그때 마지막 물방울이 퐁 하고 터졌다.

인어 테티스에게 전하오.

"테티스?"

암피트리테는 멍하게 물방울의 메시지를 되풀이했다. 암피트리테와 테티스는 생김새가 완전히 달랐지만, 쌍둥이인 탓에 물방울톡이 착각한 모양이었다. 마지막 물방울과 함께 암피트리테의 희망도 물거품이 되어 사라져 갔다.

테티스는 인상을 팍 찌푸리더니 바다로 헤엄쳐 내려가서 지도를 살펴보기 시작했다. 암피트리테도 테티스의 뒤를 따랐다. 지도는 그리스의 델피 신전으로 가는 길을 나타내고 있는 듯했다. 지리 시간에 육지에 있는 신전에 대해서 배웠기 때문에 암피트리테는 그 멋진 신전들이 올림포스산의 신들을 모시는 건물이란 걸 알고 있었다.

"물방울이 터지는 순서가 거꾸로 됐나 봐."

테티스가 나직이 중얼거렸다.

"그래서 끝부분을 먼저 듣고 첫 부분을 마지막에 들은 거지."

암피트리테는 고개를 끄덕이며 대답했다.

"응, 그런 것 같았어."

암피트리테는 말할 수 없이 실망했지만, 테티스의 기쁨을 망치고 싶지 않았다. 그래서 방긋 웃으며 테티스의 어깨에 팔을 두르고 최대한 밝은 목소리로 말했다.

"템플 게임에 뽑힌 걸 축하해!"

"잠깐 기다려 봐!"

테티스는 묘한 표정을 지은 채 다른 아이들과 세이렌 선생님을 쓱 쳐다보았다. 누군가가 배 한 귀퉁이에서 뱃노래 악보가 가득한 가방을 찾아낸 덕분에 법석을 떠느라 모두들 정신이 없었다.

"우리 말고는 아무도 메시지를 못 들었잖아."

"그래서?"

"그러니까 네가 게임에 가라고."

암피트리테는 깜짝 놀라 뒤로 주춤 물러났다.

"뭐? 초대받은 쪽은 내가 아니라 너잖아."

"난 별로 가고 싶지 않아. 그냥 여기 있을래."

테티스가 암피트리테를 바라보며 말을 이었다.

"육지를 여행해 보고 싶다며? 마침 이렇게 기회가 왔잖아. 템플 게임 기간 내내 바다 바깥세상을 구경할 수 있어!"

"그래도……."

암피트리테는 테티스의 제안이 실현 불가능한 이유를 억만 가지쯤 떠올리고서 그중 하나를 골라 대답했다.

"난 변신을 못 하는걸."

테티스는 어이없다는 듯이 눈동자를 빙글 굴려 보이더니 씩 웃었다.

"그래서? 누군지는 모르지만, 초청장을 보낸 쪽은 내가 변신 능력이 있는지 없는지 상관 안 할걸? 그냥 가. 가서 나인 척해. 네가 테티스라고 자기소개를 한들 누가 알겠어?"

암피트리테는 고개를 세차게 흔들었다.

"그건……."

그러자 테티스가 먼저 말했다.

"반칙이지. 맞아, 속이는 거야."

암피트리테는 테티스를 빤히 쳐다보았다. 이런 엄청난 기회를 기꺼이 포기하려는 테티스를 이해하기 힘들었다. 암피트리테는 다시 고개를 흔들었다. 아름다운 머리칼이 물속에서 이리저리 나부꼈다.

"안 돼. 그건 너무 큰 손해를 보는 거야. 네가 가야 해. 그 팀이 바라는 건 너고, 넌 그 팀에 승리를 가져다줄 수 있어. 하지만 난? 나는 어림도 없어. 분명 바다 족속에게 실망만 가져다줄 거야."

테티스도 물러나지 않았다.

"확실히 말할게. 난 가고 싶지 않아! 이건 네가 나한테 큰 은혜를 베푸는 거라니까. 진심이야. 게다가 넌 네 능력을 과소평

가하고 있어.”

암피트리테의 마음에 다시 희망이 솟아올랐다.

'모험 이야기를 읽는 데 그치지 않고 정말로 경험해 볼 기회야. 게다가 테티스는 내가 가길 바란다잖아.'

암피트리테는 머뭇머뭇 입을 뗐다.

“음, 저기 난……. 너 정말 괜찮아?”

그때 갑자기 뭔가 커다란 것이 난파선을 향해 돌진해 왔다.

“비상! 여러분, 숨어요!”

세이렌 선생님이 놀란 목소리로 외쳤다. 무시무시한 상어나 괴물 문어인가 싶어 살펴보아도 속도가 너무 빨라 형체를 제대로 알아볼 수가 없었다. 아이들이 숨을 틈도 없이 돌진해 온 의문의 형체는 난파선 한가운데 멈춰서더니 아이들을 머뭇거리는 눈빛으로 훑어보았다.

“히포캄푸스다!”

누군가 소리쳤다. 그랬다. 말의 머리와 앞다리 그리고 기다란 갈기를 가졌지만, 뒤쪽은 초록 비늘로 뒤덮인 뱀의 꼬리를 가진 히포캄푸스였다!

“델피 신전으로 갈 자를 데려가기 위해 왔소.”

히포캄푸스가 히힝 소리를 내며 목적을 밝혔다.

"여기 있어요!"

테티스가 목청 높여 히포캄푸스를 불렀다. 그러고는 세이렌 선생님과 아이들에게 암피트리테가 템플 게임에 초대를 받았다고 알렸다. 암피트리테는 환호성을 지르는 아이들에게 끌려 히포캄푸스에게 가까이 다가갔다.

"타!"

테티스가 재촉했지만 암피트리테는 여전히 망설였다. 그러자 테티스를 비롯한 친한 친구들이 암피트리테를 들어 올렸다. 2초 후, 암피트리테는 한쪽으로 꼬리를 드리운 채 히포캄푸스의 안장에 앉아 있었다.

세이렌 선생님과 아이들은 수면까지 암피트리테와 히포캄푸스를 배웅해 주었다. 그러고는 수면 밖으로 나가자, 모두 함께 입을 모아 변신 주문을 외쳐 주었다.

꼬리에서 다리로,
바다에서 뭍으로
변신의 힘 더불어!

물론, 아무런 일도 일어나지 않았다.

'아윽, 창피해!'

다들 너무 흥분해서 암피트리테에게 변신 능력이 없다는 걸 깜빡한 모양이었다. 어색한 침묵이 흘렀다.

바로 그때 암피트리테의 꼬리가 이상하게 떨리기 시작했다. 놀란 암피트리테는 몸을 꼿꼿이 세우고 히포캄푸스의 갈기를 꽉 붙잡았다.

"이상한 느낌이 들어."

암피트리테는 바르르 떨며 말했다.

"설마…… 내게 다리가 생기는 걸까?"

곁에 떠 있던 테티스가 꺅 소리를 지르더니 손뼉을 짝짝 쳤다. 어찌나 신나하는지 뒤로 묶은 머리가 따라서 출렁거렸다.

"변신하는 거야. 난생처음 변신하는 거라고! 거봐, 신호가 오잖아!"

"신호라니? 무슨 신호?"

테티스가 고개를 기울이더니 암피트리테의 눈을 똑바로 쳐다보며 속삭였다.

"우리가 옳은 일을 하고 있다는 신호야."

테티스는 말을 마치자마자 히포캄푸스의 등을 툭 치고서 뒤로 물러났다. 테티스가 "꽉 잡아!"라고 말할 틈도 없이 히포캄푸스가 에게해 위로 날아올랐다. 암피트리테가 템플 게임을 향해 떠난 것이다!

암피트리테는 해마가 자라서 히포캄푸스가 되기도 한다는 걸 수중 동물학 시간에 배워 이미 알고 있었다. 해마는 물고기여도 헤엄 실력이 좋은 편은 아니었다. 지느러미를 1초에 오십 번쯤 움직이지만, 재빨리 움직여 다니지는 못해서 산호초나 해초에 매달려 있을 때가 많았다. 그런데 암피트리테가 타고 있는 히포캄푸스는 수면을 가르며 서쪽으로 바람같이 달렸다.

시간이 얼마나 흘렀을까? 암피트리테는 저만치 앞에 알록달록한 고기잡이배가 정박해 있는 바닷가를 발견했다.

'땅에 도착하면 앞다리로만 달리는 걸까?'

암피트리테의 예상은 보기 좋게 빗나갔다. 바닷가에 다다르자 히포캄푸스의 등에서 날개가 솟아났기 때문이었다! 히포캄푸스는 훨훨 날아서 커다란 섬과 둥그런 만을 지났다. 한동안 갈매기가 옆에서 함께 날기도 했다. 암피트리테는 가슴이 콩닥콩닥 뛰었다.

'이렇게 높은 곳에서 바다를 보는 건 처음이야. 반짝반짝 빛나는 모습이 정말 푸르디푸르구나!'

이어 암피트리테와 히포캄푸스는 하얀 기둥이 늘어선 건물과 시원한 분수가 있는 마을을 지났다. 그 너머의 들판은 나지막한 돌담 때문에 초록색과 갈색이 섞인 조각보 이불처럼 보였다. 암피트리테는 짙은 숲과 둥그스름한 언덕을 지났고, 심지어 화산도 마주쳤다. 전부 책에서만 보던 것들이었다. 지리 공부를 열심히 한 덕에 암피트리테는 지금 히포캄푸스가 그리스 본토를 지나 델피로 가는 중이란 걸 알 수 있었다.

'육지를 여행하고 싶다는 내 꿈이 이루어졌어. 하지만 이건 시작일 뿐이야. 템플 게임을 하는 동안 훨씬 더 많은 곳을 다녀 보게 되겠지?'

이윽고 해가 지고 밤이 왔다. 암피트리테는 히포캄푸스의 목에 팔을 두른 채 잠들었다가 새벽에 퍼뜩 깨어났다. 더 멀리 날며 더 많은 것을 보고, 더 가슴이 벅차오를수록 암피트리테는 자신이 테티스 대신 템플 게임에 참여할 운명이라고 확신했다.

'무엇보다 변신을 했잖아!'

암피트리테는 꿈이 아니란 걸 확인하려고 아래로 눈길을 내렸다. 꼬리가 있을 자리에 어여쁜 황금빛 키톤이 살랑이고 그 아래로 다리가 보였다.

'테티스 생각이 맞아. 이건 우리가 옳은 일을 하고 있다는 신호가 분명해!'

지금껏 암피트리테는 두 다리를 모두 안장 한쪽으로 내리고 있었다. 하지만 생각이 미친 김에 치마를 붙잡고 자세를 바꾸어 보았다. 히포캄푸스의 안장 양쪽에 각각 다리를 내리고 걸터앉은 채 암피트리테는 다시 생각에 빠져들었다.

'델피에는 날 아는 사람이 아무도 없으니까 새롭게 시작할 수 있어. 날 테티스라고 소개하고 새로운 존재가 되는 거야. 내가 늘 바라던 대로 모험심 넘치고 멋진, 변신 능력을 갖춘 인어로 말이야!'

드디어 히포캄푸스가 기다란 도로 끝에 내려섰다. 한쪽에 '델피 신전으로 가는 신성한 길'이라는 표지판이 서 있었다. 암피트리테는 언덕 위로 구불구불 이어지는 길을 따라 눈길을 들었다. 언덕 꼭대기에 하얀 건물이 보였고, 그 주변에 또래로 보이는 아이들이 옹기종기 모여 있었다.

'저 건물 중 한 곳이 델피 신전이고, 저 아이들은 템플 게임 참가자인가 봐.'

암피트리테는 가슴이 콩닥콩닥 뛰었다.

"태워줘서 고마워요."

암피트리테는 히포캄푸스에게 예의 바르게 인사하고서 안장에서 폴짝 뛰어내렸다. 그러고는 그대로 바닥에 철퍼덕 쓰러졌다. 두 다리로 땅을 걸어 다니는 꿈을 그토록 꾸었건만, 이런 일이 발생할 줄은 상상조차 한 적이 없었다!

'이런, 맙소사!'

암피트리테는 벌떡 일어나 언덕을 향해 걷기 시작했다. 부디 그 순간을 목격한 사람이 없기를 바랄 뿐이었다.

'쩝, 나도 동생들이나 해변에 나타난 인간들처럼 아무렇지 않게 걸어 다닐 줄 알았는데. 실제로 해 보니 생각보다 힘드네! 휴, 걸음을 옮길 때마다 어디에 발을 디딜지 생각하지 않으면 그대로 넘어지겠어. 물 밖으로 나오니 도무지 몸의 중심을 잡기가 어렵잖아. ……그래도 꾸준히 연습한다면 분명히 나아질 수 있을 거야.'

암피트리테는 불안정하게 한 발 한 발을 내딛으며 계속 길을 따라 언덕을 올라갔다. 꼭대기가 가까워졌을 때, 암피트리테는 한 소녀 신을 만났다. 그 아이는 찰랑거리는 빨간 머리 곳곳에 데이지 꽃을 꽂고 있었다.

"안녕. 난 페르세포네라고 해. 아프로디테와 내가 새로 도착한 참가자들의 등록을 도와주고 있어."

페르세포네가 들고 있던 명단을 살펴보며 물었다.

"넌 이름이 뭐야?"

"난 암피……."

'아차!'

암피트리테는 아슬아슬하게 말을 멈췄다.

"미안. 어, 그러니까……. 내 이름은 테티스야. 에게해에서 온 인어 테티스."

페르세포네는 명단에 체크 표시를 하고서 신전을 향해 손을 들었다.

"테티스, 템플 게임에 온 걸 환영해!"

4 짚의 함
포세이돈의 이야기

    화요일 아침, 템플 게임 참가자들이 최종 지시 사항을 듣고자 델피로 잇따라 모여들고 있었다. 포세이돈이 같은 팀인 하데스, 판도라, 델피니오스와 함께 막 도착했을 때 누군가가 그에게 말을 걸었다.

    "포세이돈?"

    포세이돈은 누군가 싶어서 놀란 표정으로 돌아보았다. 몇 걸음 떨어진 곳에서 한 여자아이가 불안한 눈빛으로 포세이돈을 바라보고 있었다. 여자아이는 포세이돈이 키톤 가슴팍에 달고 있는 배지와 리본에 눈길을 주었다. 인간 팬들이 행운을 빌며 보낸 선물이었다.

여자아이는 다시 눈을 들어 포세이돈을 보더니 두 손으로 머리칼을 쓸어 넘기고서 목소리를 가다듬었다.

"안녕."

인사와 함께 여자아이는 주먹을 꽉 쥐고 비틀대며 앞으로 한 걸음을 뗐다. 거리가 좀 더 가까워지자 포세이돈은 여자아이의 눈동자가 자기와 거의 비슷한 청록색이란 걸 깨달았다. 그리고 그 애는 맨발이었다.

"난 암피, 음…… 그러니까 난 테티스야. 페르세포네가 그러는데 난 네 팀 소속이라더라."

"그래. 맞아."

포세이돈이 말을 이으려는 순간 하늘에 둥근 무지개가 뜨더니 다른 팀 주장인 이리스가 쓩 하고 무지개를 타고서 신전 안뜰에 내려섰다. 뒤이어 같은 팀인 화환의 여신 안테이아와 대장장이의 신 헤파이스토스도 도착했다. 이리스는 무지개의 크기와 모양을 자유자재로 만들 수 있을 뿐 아니라 이동 수단으로도 쓸 수 있었다.

"그래서, 음……. 이제부터는 어떻게 되는 거야?"

테티스가 다시 포세이돈의 주의를 끌려 애쓰며 물었다. 포세이돈이 얼른 눈길을 돌리자 테티스는 까르르 작게 웃음을 터뜨렸다. 어디선가 거품이 뽀글뽀글 솟는 듯 밝은 웃음소리였다.

포세이돈은 인상을 팍 썼다.

"뭐 웃긴 일 있어?"

사실 포세이돈은 테티스가 너무 긴장한 나머지 웃음을 터뜨렸다는 걸 알고 있었다.

"아니."

곧바로 테티스의 얼굴에 그림자가 드리웠다.

포세이돈은 자신이 쌀쌀맞게 굴고 있다는 걸 알았지만 스트레스를 감당하기가 힘들었다. 힘든 경쟁이 코앞에 다가와 있었고, 가능성이 없다는 걸 알면서도 포세이돈은 내심 테티스가 오지 않기를 바랐다. 그럼 다른 후보를 고를 수 있을 테니까.

포세이돈이 마침내 입을 열었다.

"모든 팀이 모이면 첫 번째 게임이 열릴 장소에 대한 실마리를 얻게 될 거야."

"푸아!"

테티스는 얼굴이 환해져서 외쳤다.

"어서 빨리 시작하면 좋겠어!"

포세이돈은 묘한 표정을 지었다. 어제저녁 오라클 쿠키가 했던 예언이 아직도 선명했다.

'이 애가 나보다 더 빛날 수 있다고 했지. 흠! 이봐, 테티스. 괜히 나서지 않는 편이 좋을 거야. 이번 게임의 승자는 바로 나라고. 네 역할은 다른 동료들과 마찬가지로 날 돕는 거야. 내가 친구들처럼 멋진 신전을 얻을 수 있게 말이야. 우승한 팀의 주장은 상으로 신전을 받거든.'

포세이돈은 가까이에 서 있는 판도라를 불렀다.

"판도라. 이쪽은 에게해에서 온 바다 님프 테티스야. 우리 팀이니 나머지 두 녀석한테 소개해 줄래? 그리고 날개 샌들이 어디에 있는지도 알려 줘. 조만간 날아야 할 일이 생길 것 같거든."

그 말을 들은 테티스가 맨발이 부끄러운지 발을 슬쩍 포갰다. 그러다가 중심이 흔들리면서 몸이 휘청하자, 놀란 테티스는 얼른 다시 땅에 두 발을 단단히 디뎠다.

"주장님, 분부 받들겠단 말입니까?"

장난스럽게 거수경례까지 붙이는 판도라를 보며 포세이돈은 속으로 중얼거렸다.

'하여간 판도라는 무슨 말이라도 질문으로 만든다니까. 뭐, 그래도 내가 주장이라는 사실만큼은 분명히 받아들이고 있나 보네.'

판도라가 활짝 웃으며 테티스에게 말을 걸었다.

"그럼 넌 인어라는 거지? 정말 멋진데?"

테티스가 뭐라고 대답하기 전에 판도라의 질문이 줄줄 이어졌다.

"난 템플 게임에 참가하게 되어서 정말 신나. 너도 그러니? 아, 델피니오스랑 하데스를 만나 볼래?"

포세이돈은 저도 모르게 빙그레 웃음을 지었다.

'판도라의 끊임없는 질문 공세 덕분에 테티스가 앞으로 나설 틈이 없겠는걸.'

같은 팀끼리 서로 인사하는 동안 포세이돈은 속속 도착하고 있는 다른 팀을 주의 깊게 살폈다.

아레스는 올림포스 학교의 소문난 악동인 마카이와 퀴도이모스와 함께 전차를 타고 왔다. 험악한 인상에 우람한 덩치를 가진 둘은 여차하면 반칙도 거침없이 저질렀다.

포세이돈은 고개를 갸웃하지 않을 수 없었다.

'아니, 교장 선생님은 저 둘을 왜 뽑은 걸까? 정말 수수께끼야. 물론 마카이와 퀴도이모스가 아레스와 친하긴 하지. 소문에는 요즘 저 둘이 태도를 바꾸려고 노력한다던데. 일종의 격려나 상을 주는 차원에서 템플 게임에 참가시켜 주는 건가?'

아레스의 나머지 두 동료 중 한 명은 눈에 검은색 화장을 진하게 한 외국 여신이었다. 포세이돈은 그 여신의 이름이 통 기억나지 않았지만, 나머지 한 명은 곧바로 알아보았다. 아레스의 쌍둥이 누나 에리스였다.

'흠, 이건 좀 예상 밖인데? 아레스는 누나랑 사이가 안 좋잖아. 아, 아니다. 생각해 보니 아주 영리한 수를 썼네. 에리스는 불화의 여신이니까 다른 팀에 다툼을 일으켜서 아레스를 도울 수 있을 거야.'

포세이돈은 나직하게 혼잣말을 하며 스스로를 다그쳤다.

"에리스가 우리 팀에 말썽을 일으키지 않게 항상 경계해야 해."

뭐라도 해야 할 것 같은 기분에 포세이돈은 숫돌을 꺼내어 삼지창 끝을 날카롭게 갈기 시작했다. 머리를 복잡하게 쓰지 않아도 되는 일이라, 이내 마음이 편안해지면서 동시에 다른 팀을 살필 여유도 가질 수 있었다.

"맞아. 저 애는 그걸 잘하지."

하데스의 목소리가 들려왔다.

"아레스의 생일 이후로 한동안 아테나와 아프로디테가 얼마나 싸워댔는지 기억나? 보통 둘 사이는 이렇다고."

하데스는 손깍지를 단단히 껴 보였다. 포세이돈은 고개를 끄덕이며 대화에 끼어들었다.

"아레스 팀에 있던 여자아이 말이야. 전에 분명히 본 적이 있는데 이름이 기억나지 않아."

판도라가 그쪽을 돌아보더니 말했다.

"이시스 말이야? 이집트에 있는 아프로디테의 친구잖아. 기억 안 나? 헤라이언 게임 때 우리 학교에 왔잖아."

"아, 맞다."

포세이돈은 그제야 이시스를 알아보았다. 마침 아프로디테가 달려가 이시스를 끌어안고서 반갑게 인사를 나누고 있었다. 이시스도 아프로디테도 놀라우리만치 아름다웠다. 사실 그 둘이 늘 그렇게 사이가 좋았던 것은 아니었다. 한때는 둘 중 누가 진짜 사랑과 미의 여신인지 정하느라 서로 으르렁대던 시절이 있었다. 경쟁이 무승부로 끝났기에 망정이지, 하마터면 둘이 단짝은 커녕 원수가 되었을 수도 있었다.

하데스는 게임에 대한 기대 때문에 몸이 근질근질한지 주위를 휘휘 둘러보면서 말했다.

"이시스가 아름다운 건 알겠는데 난 좀 의외의 선택이라고 느껴져."

"오히려 기발한 선택일 수도 있어."

포세이돈의 대답을 듣고 테티스가 되물었다.

"왜?"

테티스는 제자리 뜀뛰기라도 하려는지, 아니면 바람에 날아갈까 걱정이 되는지 두 발을 땅에 뿌리내릴 듯 단단히 딛고 서 있었다.

"아, 난 알 것 같은데?"

판도라가 소리쳤다.

"아레스는 템플 게임을 하는 동안 이집트 신전을 방문하게 될 거라 예상한 게 아닐까? 그럼 이시스의 지식이 크게 도움이 될 테니 말이야."

포세이돈은 숫돌을 내려놓고 검지 손가락으로 판도라를 가리키며 정답이라는 신호를 보냈다.

"바로 그거야."

포세이돈은 내심 씁쓸한 마음을 삼켰다.

'아, 난 왜 테티스 대신에 이시스를 뽑을 생각을 못 했을까?'

템플 게임에서 이기려면 힘과 기술만이 아니라 세심한 전략이 필요했다. 그리고 아레스는 전쟁의 신답게 세 가지 면을 모두 갖추고 있었다.

"가서 다른 팀 아이들도 만나 보지 않을래?"

판도라가 테티스의 손을 잡더니 신전 뜰을 가로질러 아테나의 팀으로 갔다.

포세이돈은 전체 팀 중에서 아테나의 팀이 가장 이기기 어려울 거라고 판단했다. 올림포스 학교 최고의 수재인 아테나는 늘 포세이돈의 최고 경쟁 상대였다. 아테나는 올림포스 학교에 오자마자 발명 대회에 참가해서 올리브를 만들어 냈다. 아테나의 올리브는 열매를 먹을 수도 있고 기름을 짜서 쓸 수도 있어서 포세이돈이 발명한 물놀이 공원을 이기고 우승을 차지했다. 그리고 사람들은 새로 지은, 그리스에서 가장 큰 도시의 이름을 아테나의 이름을 딴 '아테네'라고 지었다. 포세이돈빌이 아니고 아테네라니! 포세이돈은 그 일을 생각하면 아직도 속이 쓰렸다.

그런데 이제 헤라클레스까지 아테나 팀에 가세했으니 두뇌와 힘이 한 팀에 다 모인 격이었다. 아테나의 나머지 동료는 올림포스 학교의 학생인 디오니소스, 그리고 다른 학교 소속인 파나케이아와 하르모니아라는 여신 둘이었다.

포세이돈은 아테나의 팀에서 눈길을 돌리다가 어떤 광경을 보고 인상을 찌푸렸다. 신전 뜰 중간 즈음에서 자신의 새 동료가 다리를 절고 있었다.

"테티스, 기다려!"

포세이돈의 목소리를 못 들었는지, 판도라는 테티스의 손을 잡고 계속 앞으로 이끌었다.

"테티스!"

포세이돈이 다시 소리쳐 불렀지만 두 여자아이는 아무런 반응도 보이지 않았다. 포세이돈은 하는 수없이 숫돌을 튜닉 호주머니에 넣고 서둘러 둘을 따라갔다. 포세이돈이 곁으로 다가오자 둘은 그제야 걸음을 멈추었다.

"내가 부르는 소리 못 들었어?"

포세이돈이 묻자, 테티스는 판도라의 손을 놓으며 대답했다.

"음, 미안. 못 들었어."

테티스의 눈동자가 옆으로 향하더니 이내 다시 포세이돈에게로 돌아왔다. 무언가 비밀이라도 감추고 있는 듯한 느낌이었다.

'뭐, 긴장해서 그렇겠지.'

포세이돈은 테티스의 다리를 가리키며 말했다.

"다리를 절고 있잖아."

"어머? 다쳤니?"

판도라가 걱정스레 묻자 테티스가 당황해서 얼른 대답했다.

"아냐, 난 괜찮아. 육지에서 다리로 걷는 데 익숙해지고 있는 것뿐이야. 난 인어잖아. 걸음걸이에 익숙해지는 데 시간이 조금 걸려."

테티스는 또 거품같은 웃음을 까르르 터뜨렸다.

"그럼 다행이고."

대답은 그렇게 했지만, 포세이돈은 저도 모르게 살짝 인상을 찌푸렸다.

'테티스가 잘 따라오지 못해서 팀에 방해가 되면 곤란한데. 그건 지도자로서 내 자리를 넘보고 나보다 더 빛나는 것만큼 곤란한 일이라고!'

판도라가 테티스의 팔을 끌며 말했다.

"그럼 가자. 다른 아이들도 만나고 싶은 거지?"

"그럼."

테티스는 판도라에게 끌려가기 전에 마지막으로 포세이돈을 바라보며 활짝 웃었다.

"그럼, 주장. 이따 보자."

포세이돈은 테티스의 환한 웃음에 순간 놀라고 말았다. 그래서 하데스와 델피니오스가 곁으로 올 때까지 테티스를 멍하게 바라보고 있었다.

"아폴론도 도착했어."

하데스가 뜰 쪽을 가리키며 말했다. 델피니오스도 그쪽으로 눈길을 돌렸다.

"흠, 활과 황금 화살도 가져왔네."

델피니오스는 자신감 넘치는 목소리로 얼른 덧붙였다.

"마법 화살이 있다 해도 우리 팀한테는 경쟁이 되지 않지."

포세이돈이 자신의 어린 시절 단짝을 높이 사는 이유가 바로 이 점이었다. 델피니오스는 항상 상대를 북돋아 주었고, 어려운 일이 있을 때는 힘이 되어 주었다.

델피니오스의 말을 기점으로 세 소년은 아폴론 팀 구성원의 장점과 약점을 분석하기 시작했다. 활쏘기 명수 아폴론의 팀원 중 두 명은 에로스와 쌍둥이 누나 아르테미스의 남자 친구이자 인간인 악타이온이었는데 둘 다 운동을 잘했다. 그리고 나머지 두 명은 올림포스 학교의 학생이자 반인반마인 켄타우로스와 다른 학교 소속인 티탄 족속 출신이자 판도라의 남자 친구인 에피메테우스였다.

포세이돈이 말했다.

"아폴론이 카산드라를 뽑지 않아서 놀랐어. 둘의 예언 능력을 합치면 아주 유리해질 텐데 말이야."

게다가 둘이 사귀는 건 모두가 알고 있는 사실이었다.

"히드라 선생님이 만든 게임 규칙을 안 읽어 봤니?"

누군가 말을 걸었다. 포세이돈이 고개를 돌려 보니 파마가 어느새 곁에 와 있었다. 파마의 날개는 소리가 나지 않아서 다가오는 걸 아무도 알아차리지 못했다.

"예언의 힘은 절대 사용 금지야. 아폴론도 미래를 보는 능력을 쓸 수 없고, 카산드라도 초대할 수 없어."

파마가 한 말을 모두가 볼 수 있도록 입술에서 구름 글자가 퐁퐁 솟아올랐다.

"아, 그래. 고마워. 그럼 또 보자."

포세이돈은 파마에게 인사를 하고서 팔꿈치로 델피니오스를 쿡 찌르고, 하데스에게 다른 곳으로 가자는 눈짓을 했다. 다른 팀을 분석 중이란 사실을 파마가 알면 주변에 소문이 날 게 뻔했다.

그때 갑자기 신전 뜰에 강한 바람이 휘몰아쳤다. 이어 즐거운 비명과 까르르 웃음소리가 들렸다. 포세이돈은 그쪽으로 눈길을 돌렸다. 페르세포네, 아프로디테, 파나케이아, 하르모니아, 메두사, 판도라, 테티스가 헝클어진 머리카락을(메두사의 경우에는 뱀을) 정리하고, 치맛자락이 날리지 않게 붙잡느라 법석을 떨고 있었다. 포세이돈은 이제 테티스도 날개 샌들을 신고

있다는 걸 알아차렸다.

"지하 세상에 맙소사, 무슨 바람이 이렇게 센 거야? 어디서 불어오는 거지?"

놀란 하데스가 주위를 휘휘 둘러보며 말했다. 그러자 델피니오스가 한쪽을 가리키며 대답했다.

"이리스 팀이야. 마지막 두 명이 도착했나 봐."

포세이돈은 헝클어진 금발 머리카락을 쓸어 넘겨 다시 완벽한 스타일을 만들면서 델피니오스가 가리킨 방향을 슬쩍 쳐다보았다.

이리스 팀의 마지막 두 동료는 바람의 신 제피로스와 보레아스 형제였다. 제피로스는 봄에 부는 따뜻한 서풍을, 머리카락마저 하얀 보레아스는 차가운 겨울바람을 조종했다.

잠시 후 포세이돈, 하데스, 델피니오스는 판도라, 테티스와 다시 만났다.

"적의 전략에 대해서 뭐 좀 알아냈어?"

포세이돈이 묻자 판도라는 눈을 동그랗게 떴다.

"적이라니? 설마 농담이지?"

"당연히 농담이지. 그렇지?"

테티스가 불안한 눈빛으로 포세이돈을 바라보며 물었다.

"우리 팀이 아니면 다 적이지, 뭐. 우린 여기에 이기려고 왔다고."

포세이돈은 팀의 사기를 북돋고 자기와 같은 시각을 심어 주려고 주먹을 한 차례 휘둘러 보았다.

"음……. 그래, 주장."

하데스는 별로 내키지 않는 눈치였지만 일단 동의했고, 델피니오스는 열심히 고개를 끄덕였다.

"당연하지!"

"그래서 대답을 하자면…… 농담 아니야."

포세이돈은 심각한 얼굴로 판도라와 테티스를 똑바로 바라보았다.

"템플 게임이 끝날 때까지 우리한테 친구란 이 팀에 소속된 동료와 우리가 치고 나갈 수 있도록 돕는 이들뿐이야."

판도라가 팔꿈치로 테티스를 쿡 찌르고 눈을 빙글 굴려 보이는 듯했지만 확실하지는 않았다. 포세이돈은 속으로 한숨을 푹 쉬었다.

'하아……. 여자애들이 제발 이 시합을 좀 진지하게 받아들이면 좋겠어.'

"여러분, 주목해 주세요!"

페르세포네와 아프로디테가 신전 출입 계단 꼭대기에 서서 소리쳤다.

"템플 게임 개막식에 오신 걸 환영합니다!"

그 둘은 어느 팀에도 속하지 않았기 때문에 제우스가 아예 게임 진행과 지시 사항 전달을 맡긴 듯했다.

"먼저 새로 온 참가자들에게 전합니다."

페르세포네가 모여 있는 아이들을 바라보며 말을 이었다.

"신전에 들어갈 때 여기서 이 '안두루이드'를 하나씩 가져가세요."

페르세포네는 작은 항아리에서 하얀 두루마리를 꺼내더니 높이 들고서 흔들어 보였다. 전날 헤르메스가 올림포스 학교 아이들한테 전해 준 것과 비슷하게 생긴 두루마리였다.

"게임 규칙도 나와 있지만, 무엇보다 여기에는 마법의 힘이 깃들어 있어요."

아프로디테가 설명을 시작했다.

"새로운 소식이나 정보가 있을 때마다 안두루이드를 통해 전달받을 수 있답니다. 하지만 소식을 보내는 기능은 없어요. 양방향 소통이 가능한 두루마리는 파마만 가지고 있답니다. 그래서 파마만 제우스 교장 선생님이나 우리한테 소식을 보낼 수 있어요. 지금은 이곳에서부터 앞으로 여섯 군데 신전을 더 방문하게 될 거란 사실만 알아 두세요."

이번에는 페르세포네가 말을 이어받았다.

"각 신전에서 여러분은 도전 과제를 받을 거예요. 그 과제를 성공적으로 해내야 다음 신전으로 넘어갈 수 있어요. 여러분 팀이 시간을 끌수록, 앞선 팀은 더 유리해질 겁니다."

페르세포네의 설명에 아프로디테가 고개를 끄덕이며 말을 덧붙였다.

"이곳 델피 신전에서는 어느 팀도 탈락하지 않을 거예요. 하지만 이후에는 신전을 방문할 때마다 한 팀씩 탈락하게 됩니다. 다섯 신전을 거치면서 다섯 팀이 떨어지는 거죠. 여섯 번째 신전에서 마지막 남은 두 팀이 최후의 승자가 되기 위해 경쟁하게 될 거예요."

"바로 우리 팀이지!"

아레스가 씩 웃으며 외쳤다.

"무슨 소리! 우승은 우리 팀 차지야!"

아르테미스가 자신만만하게 웃으며 대꾸했다.

"바랄 걸 바라야지! 승리는 우리 것!"

포세이돈이 삼지창이 높이 들며 외쳤다. 포세이돈은 앞으로 만날 도전 과제 중 최소 한 가지 이상이 물이나 수영과 관련되어 있기를 바랐다. 그 분야에서는 자신의 팀이 절대적으로 유리하기 때문이었다.

"꿈도 야무져!"

아테나가 까르르 웃으며 소리쳤다. 누가 승리할 것인가를 두고 패기 넘치는 농담이 곳곳에서 이어졌다. 그러자 페르세포네와 아프로디테가 다시 아이들의 주의를 집중시키고서 게임이 끝나면 모든 참가자에게 작은 상과 기념 배지가 주어질 거라고 자세히 설명했다.

사실 우승하고 말겠다는 포세이돈의 엄포는 농담이 아니었다. 포세이돈이 관심을 가지는 것은 오직 하나, 최종 우승자에게 주어지는 상, 바로 자신의 신전이었다.

포세이돈이 다시 관심을 돌렸을 때 아프로디테는 뒤에 있는 신전을 가리키고 있었다. 신전의 정면에는 여섯 개의 높은 돌기둥이 서 있었고, 그 위로는 널따란 삼각형 지붕 장식이 보였다. 대리석으로 만들어진 지붕 장식에는 신들의 모습이 조각되어 있었다.

"안으로 들어가면 델피의 예언자가 직접 중요한 단서를 알려 줄 거예요."

이제야 포세이돈의 귀에 아프로디테의 설명이 들려왔다.

"그 단서를 풀어야 첫 번째 도전에 임하기 위해 어디로 가야 하는지 알 수 있습니다."

끼이익!

신전 안에 있던 경비병들이 문을 밀어 열자, 게임 참가자들은 신전으로 들어가기 위해 우르르 앞으로 몰려들었다.

"여러분, 행운을 빕니다! 그럼 이제부터 템플 게임을 시작하겠습니다!"

페르세포네와 아프로디테가 함께 밝은 목소리로 외쳤다. 그러고는 몰려드는 참가자들에게 밟힐세라 얼른 출입문 양쪽으로 비켜섰다.

신전 안에 들어선 포세이돈은 눈이 휘둥그레졌다. 사방에 바구니와 항아리가 놓여 있었는데, 아폴론을 숭배하는 사람들이 바친 선물이 가득했다. 델피 신전은 아폴론을 모시는 신전인 만큼 이곳에서 아폴론은 그야말로 스타였다. 구슬 팔찌며 손으로 짠 담요와 황금 꽃병까지 온갖 선물이 켜켜이 쌓여 있었다. 조각상도 곳곳에 놓여 있었는데, 특히 제우스와 아폴론의 조각상이 많았다.

"이야, 대단하지 않니?"

뒤에서 판도라의 목소리가 들려왔다.

"내 말이 그 말이야! 정말 대단해! 아, 내가 여기 와 있다니 믿을 수가 없어."

대답하는 테티스의 목소리에 흥분과 감탄이 가득했다. 포세이돈도 속으로 중얼거렸다.

'그래, 내가 가지고 싶은 신전이 딱 이런 거라고! 물론 나한테만 바쳐진 신전이라야겠지. 사람들이 와서 구경하며 감탄해 마지않고, 내가 얼마나 중요하고 대단한 신인지 보여 줄 수 있는 곳 말이야.'

포세이돈의 생각은 구체적인 신전의 모습으로 흘러갔다.

'신전 가운데에는 당연히 커다란 분수가 있어야 해. 분수 가운데에는 두 마리, 아니 세 마리의 히포캄푸스 위에 올라탄 내 모습을 조각한 대리석상을 세워야지. 석상 옆에는 물줄기가 춤을 추고, 난 전투를 위해 삼지창을 높이 치켜들고 있을 거야. 우와, 생각만 해도 멋진걸!'

포세이돈은 다시 한번 결심을 굳게 다졌다.

'나만의 신전을 가지게 되면 나도 아폴론이나 그 밖에 자기 신전을 가진 다른 친구들처럼 일류라는 인증을 공식적으로 받는 거야.'

템플 게임 참가자들은 신전 가운데의 가장 큰 공간을 지나 안으로 걸어 들어갔다. 다른 방에도 아폴론의 업적을 담은 그림과 조각이 가득했다. 괴물을 향해 활을 쏘는 모습도 있었고 리라를 켜는 모습도 있었다. 포세이돈은 올림포스 학교에 있는 아폴론의 친구들 석상 중에서 자신의 석상을 발견했다. 기분이 좋기는 했지만, 그 정도는 포세이돈의 열망을 채우기에 턱없이 부족했다.

 신전 맨 안쪽의 작고 어둑어둑한 방은 예언자가 머무는 신성한 구역이었다. 템플 게임 참가자들은 예언자를 둥글게 둘러싸고 옹기종기 모여 섰다. 예언자는 치렁치렁한 붉은색 망토를 두르고서 방 한가운데 높다란 황금 의자에 앉아 있었다. 망토에 달린 모자를 깊숙이 눌러쓰고 있어서 얼굴은 보이지 않았다.

 포세이돈은 참가자들을 쓱 훑어보았다. 아폴론, 아레스, 아르테미스, 아테나, 이리스와 메두사가 각각 자기 팀과 함께 서 있었고, 한쪽으로는 파마도 보였다. 파마는 작은 날개를 움직여 소리도 내지 않고 방안을 돌아다니면서 제우스가 준 안두루이드에 뭔가를 열심히 쓰고 있었다. 아마도 전 세계에 델피 신전의 내부는 어떤지, 이곳에서 무슨 일이 벌어지는 중인지 알리는 듯했다.

메두사의 팀에 배정된 올림포스 학교 학생은 메두사의 세쌍둥이 언니들이자 불멸의 존재들인 스테노와 에우리알레였다. 그리고 메두사가 뽑은 두 중국 여신도 함께 있었는데, 포세이돈은 그들이 누구인지 알지 못했다. 다른 아이들의 이야기를 들어 보니 이름이 용모와 마조인 듯했다. 여자아이로만 구성된 팀은 메두사의 팀이 유일했다.

활과 은으로 된 화살을 지닌 아르테미스의 곁에는 올림포스 학교의 학생 아글라이아, 그리고 도마뱀 꼬리를 가진 아스칼라보스가 서 있었다. 아르테미스가 뽑은 다른 두 명은 강인해 보이는 여자아이들이었는데, 한 명은 팔에 은팔찌를 수십 개나 끼고 있어서 움직일 때마다 찰랑찰랑 소리가 났다.

포세이돈은 마침 곁에 서 있는 아폴론에게 그 소녀를 가리키며 나직이 물었다.

"아마조네스야?"

"응."

아폴론도 소리 죽여 대답했다.

"펜테실레이아와 히폴리타인데 둘 다 활쏘기의 명수야."

그때였다. 하얀 망토를 두른 사제가 나타나더니 예언자의 곁에 서서 차분한 목소리로 템플 게임 참가자들에게 환영 인사를 건넸다.

"여러분은 아주 특별한 때에 맞추어 오셨습니다. 예언자 피티아께서는 일 년에 딱 아홉 번 이곳을 방문하는데 오늘이 바로 그날입니다. 인내심을 가지고 기다려 주십시오. 곧 예언자께서 지구 깊숙한 미지의 세계로부터 메시지를 받으실 텐데, 그때가 되면 옴파로스에서 증기가 솟아오를 것입니다."

"음파, 음파? 수영하는 거야?"

아레스가 농담을 던지자, 사제가 매서운 눈길을 날렸다. 아레스는 분위기를 파악하고서 잽싸게 입을 꾹 다물었다.

"옴파로스는……."

사제가 다시 말을 이었다.

"신성한 돌로서, 예언자께서는 그 돌을 통해 예언과 소식을 전해 받습니다."

사제가 손을 들어 예언자 옆의 작은 탁자에 놓여 있는 달걀 모양 돌을 가리켰다. 크기가 약 1미터 정도에 옆면에는 마치 그물처럼 보이는 열십자형의 선이 새겨져 있고, 꼭대기 부분에는 지름이 약 15센티 정도 되는 구멍이 뚫려 있었다.

"예언자 피티아께서 여러분이 다음으로 방문할 신전의 위치를 알게 되면, 그곳에 대한 실마리를 제공할 것입니다. 어디인지 맞추는 팀에게 주어지는 상은 따로 없습니다. 하지만 빨리 알아낼수록 좋겠지요. 가장 먼저 도착하는 팀이 첫 번째 과제에서 이길 확률이 가장 높으니까요."

방 안에 고요한 긴장감이 감돌기 시작했다. 모든 아이들의 눈길이 예언자 피티아에게로 향했다. 그러나 피티아는 옴파로스 옆의 높은 황금 의자에 앉아 붉은 망토를 늘어뜨린 채 아무런 움직임도 없었다. 포세이돈은 흙바닥에 깊이 파인 홈이 옴파로스가 놓여 있는 탁자 밑을 지나 방 뒤쪽의 어둠 속으로 사라진다는 사실을 알아차렸다.

얼마쯤 시간이 흘렀을까? 피티아가 나지막한 목소리로 흥얼거리듯 말하기 시작했다.

"먼 옛날, 전능한 제우스께서 평평한 지구 양 끝에 앉아 있는 독수리 두 마리를 부르시었네. 그러고는 하늘 높이 날아올라 같은 속도로 서로를 향해 날아오라 명하시었지."

피티아는 팔을 휙 뻗더니 극적인 몸짓으로 옴파로스를 가리켰다.

"고결한 독수리들은 바로 이곳에서 만나 여기 이 옴파로스 위에 내려앉았다네. 그때부터 제우스 신께서는 이곳을 지구의 중심으로 정하셨도다!"

피티아는 엄숙한 태도로 옴파로스를 향해 고개를 돌렸다.
"말하라. 신성한 옴파로스여, 내게 말하라!"
옴파로스를 구슬리는 피티아의 목소리가 점점 커졌다. 모두들 귀를 쫑긋 세우고 고개를 쭉 뺀 채 옴파로스만 쳐다보았다.
자, 과연 옴파로스가 어떤 계시를 전할까?

5 테티스 흉내 내기
암피트리테의 이야기

 암피트리테는 팀 아이들과 함께 신성한 방에 서 있었다. 온몸에 흥분이 가득했다. 지금까지는 테티스 행세가 먹혀든 듯했고, 아무도 의심하지 않았다. 게다가 이제 템플 게임이 정말로 시작되려는 참이었다.
 '내가 이 놀라운 신전에 직접 와 있다니 믿을 수가 없어. 그것도 두 다리로 서서!'
 암피트리테의 머릿속에선 지금까지 목격한 광경들이 정신없이 헤엄치고 있었고, 눈앞에는 자매들과 함께 〈십대들의 두루마리〉 잡지에서 기사로 보았던 소년, 소녀 신들이 실제로 서 있었다.

'내가 이런 신들과 나란히 서서 성스러운 돌 옴파로스가 이름 난 예언자에게 말하기를 기다리고 있다니! 이건 진짜 대박 사건이야!'

피티아가 서서히 두 팔을 들어 올렸다. 망토에 달린 모자가 조금 뒤로 넘어가면서 검은 눈동자와 쭉 뻗은 콧날, 얇은 입술이 살며시 드러났다.

피시시식!

때마침 바닥의 금에서 강한 수증기가 솟는 소리가 나더니 옴파로스 쪽으로 소리가 몰려갔다. 주의 깊게 지켜보던 암피트리테는 비어 있는 옴파로스의 안으로 수증기가 차오르고 있음을 깨달았다. 옴파로스 안에 가득해진 수증기가 꼭대기의 구멍을 통해 뿜어져 나와 예언자를 감싸기 시작했다. 이윽고, 바닥에서 바람이 휘몰아치는 듯 커다란 소리가 들리더니 옴파로스를 통해 쏟아져 나온 수증기가 방 안에 가득 찼다.

암피트리테는 부연 수증기 너머로 피티아가 눈을 감고서 몸을 천천히 흔드는 걸 보았다. 피티아는 모여 있는 청중의 존재를 전혀 느끼지 못하는 듯 곡조 없는 노래를 나직이 흥얼거리며 신비한 무희처럼 팔을 우아하게 움직였다. 피티아의 손 움직임에 맞추어 수증기도 방 안을 넘실거렸다. 서른다섯 명의 아이들은 그 광경에 매료되어 한참을 숨죽인 채 바라보았다. 마침내 피티아가 다음 신전이 어디에 있는지 단서를 밝히기 시작했다. 피티아의 예언은 아주 짧았다.

모든……
외눈으로
울 수 있지만
오직
비 내릴 때뿐.

피티아는 말을 마치자 팔을 내리고서 두 손을 무릎에 얹더니 다시 침묵했다. 하얀 망토를 두른 사제가 아이들에게 그만 나가 보라는 손짓을 했다. 암피트리테는 나머지 아이들과 함께 머뭇머뭇 방을 빠져나왔다.

'예언자의 말이 무슨 뜻인지 알면 좋을 텐데.'

다른 아이들의 얼굴을 힐끗 바라보니 다들 어리둥절하기는 마찬가지인 듯했다.

파마가 이리저리 날아다니면서 각 팀이 자기들끼리 속삭이는 소리에 귀를 기울였다. 다들 예언자가 낸 수수께끼의 답을 찾아내어 다른 팀보다 먼저 도착하려고 애를 쓰고 있었다.
 포세이돈 팀은 가장 안쪽에 서 있었기 때문에 신성한 방을 마지막으로 빠져나왔다.
 "어때?"
 포세이돈이 왔던 길을 거슬러 가며 암피트리테, 판도라, 하데스, 델피니오스에게 물었다. 포세이돈은 그와 동시에 보라색 두루마리를 펴고서 수수께끼를 푸는 데 도움이 될 만한 정보가 있는지 훑어보고 있었다. 하지만 쓸 만한 정보가 없는지 다시 두루마리를 탁 닫고는 호주머니에 쑤셔 넣으며 팀 동료들에게 물었다.
 "목적지가 어디인 것 같아? 템플 게임 첫 번째 과제를 받으려면 어디로 가야 할까?"
 조각상과 미술품이 가득한 회랑을 지나며 판도라가 말했다.
 "혹시 키클롭스 선생님하고 뭔가 관련이 있는 걸까?"
 암피트리테는 〈십대들의 두루마리〉 잡지를 통해 키클롭스 선생님이 올림포스 학교의 인기 있는 선생님이며, 이마 한가운데에 눈이 하나만 있다는 사실을 알고 있었다.
 델피니오스가 고개를 갸웃하며 생각해 본 뒤 대답했다.
 "키클롭스 선생님이 외눈이긴 한데. 혹시 비 오는 날 선생님이 우는 걸 본 적 있어?"

포세이돈은 고개를 가로저었다.

"선생님이 우는 모습 자체를 본 적이 없어."

"나도 못 봤어."

하데스에 이어 판도라도 대답했다.

"해가 나든 비가 오든 눈물 한 방울도 흘린 적이 없으신걸?"

델피니오스가 다시 말을 받았다.

"게다가 키클롭스 선생님을 모시는 신전이 있다는 얘기는 못 들었어. 그러니 키클롭스 선생님하고는 관련이 없는 곳이야."

이어 하데스가 자기 생각을 밝혔다.

"우리한테 운이 따른다면, 예언자의 말을 잘못 풀이하고서 이탈리아 해안에 있는 시칠리아섬으로 가는 팀도 있을 것 같아. 키클롭스 선생님이 거기 출신이거든."

신전 출입문에 거의 도착할 즈음, 어떤 생각이 암피트리테의 머리를 스치고 지나갔다. 암피트리테는 판도라를 톡 치며 주의를 끌었다.

"아까 파나케이아와 하르모니아를 만났을 때 파나케이아가 했던 말 기억나? 그 애가……."

그 순간 암피트리테의 다리가 해류를 만난 해초처럼 후들후들 떨리기 시작했다. 암피트리테는 중심을 잃고 비틀거리다 벽에 쿵 부딪히고 말았다.

'어떻게 된 거지? 헉, 설마 다시 인어로 돌아가려는 건가? 안 돼!'

놀란 암피트리테가 아래를 내려다보았다. 하지만 두 다리는 멀쩡하기만 했다.

"무슨 일이지?"

주위를 두리번거리는 델피니오스의 두 눈동자에 걱정이 가득했다.

판도라는 넘어지지 않으려고 석상을 붙잡고 있다가 어리둥절한 표정으로 되물었다.

"지진인가?"

암피트리테도 벽을 짚고 다시 똑바로 섰다.

"너희들도 느꼈어?"

그러자 하데스가 어이없다는 듯이 웃으며 대답했다.

"농담하니? 당연히 느꼈지! 건물 전체가 흔들렸는걸."

포세이돈이 바짝 긴장하며 소리쳤다.

"혹시 누가 공격해 온 건지도 몰라!"

위험을 느낀 포세이돈과 하데스는 팀을 보호하려 양옆으로

나섰다. 그 둘은 적이 갑자기 나타나더라도 언제든지 물리칠 준비가 된 듯했다.

하지만 누구도 달려들지 않았다. 대신 건물이 또 흔들리기 시작했다. 이번에는 지진이 더욱 강력해서 모두가 휘청대며 넘어질 정도였다. 암피트리테의 곁에 있던 기둥에 쩍 하고 금이 갔고, 천장에서 작은 대리석 조각들이 떨어져 바닥 위를 뒹굴었다.

그때 신전 안쪽 예언자의 방에서 비명이 울려 퍼졌다. 암피트리테는 천장이 무너질 위험에 아랑곳하지 않고 뒤돌아서서 신전 안쪽으로 달려갔다. 나머지 동료들도 암피트리테 뒤를 따랐다. 일행이 옴파로스가 있는 방에 막 도착했을 때, 안에서 엄청난 소음이 일어났다. 다섯 소년 소녀는 놀라서 우뚝 멈춰선 채 눈을 휘둥그렇게 뜨고 눈앞의 광경을 바라보았다.

쾅!

바닥에 커다란 구멍이 뚫리더니 여느 소년 신의 주먹보다 다섯 배쯤 큰 주먹이 올라왔다. 이어 두툼한 손가락이 옴파로스를 휘감는가 싶더니, 다시 구멍 속으로 사라져 버렸다. 순식간에 1미터 크기의 돌이 온데간데없었다.

암피트리테는 기겁해서 달려가 구멍 안을 내려다보았다. 구멍 근처에는 피티아가 앉아 있던 황금 의자가 쓰러져 있었다.

포세이돈이 달려와 암피트리테의 팔을 잡았다.

"테티스, 너무 가까이 가지 마."

"응? 테티스? 어디 있어?"

놀란 암피트리테가 주위를 두리번거리며 자신의 쌍둥이 자매를 찾았다. 너무 놀란 탓에 '자신'이 테티스 역할을 하고 있다는 사실을 순간 잊어버린 것이었다. 다음 순간, 암피트리테는 화들짝 정신을 차렸다.

"내 말은…… 예언자가 어디에 있냐는 거였어. 옴파로스를 가져간 자는 또 누구야?"

암피트리테가 다시 구멍 안을 들여다보려고 하자 포세이돈이 얼른 뒤로 끌어당겼다. 정말 아슬아슬하기 짝이 없는 순간이었다! 기둥 하나가 부서져 내리더니 조금 전 암피트리테가 있던 곳에 쾅! 하고 떨어졌기 때문이었다. 엄청난 소음과 먼지에 모두가 놀라서 뒷걸음쳤다.

"어떻게 된 거야?"

아테나가 방 안으로 뛰어들며 물었다. 아테나 팀인 헤라클레스, 디오니소스, 하르모니아와 파나케이아도 뒤따라 들어오더니 바닥에 난 커다란 구멍을 보고 모두 질겁했다. 헤라클레스는 재빨리 커다란 몽둥이를 단단히 거머쥐고서 혹시 위험이 도사리고 있지는 않은지 방 안을 살폈다.

암피트리테가 서둘러 대답했다.

"옴파로스가 사라졌어! 커다란 주먹이 바닥을 뚫고 나오더니 옴파로스를 훔쳐 갔어!"

그때 암피트리테의 시야에 포세이돈이 인상을 찌푸리며 고개를 살짝 젓는 모습이 들어왔다.

'아테나 팀이랑 정보를 공유하지 말라는 뜻인가? 헐, 무슨 소리야! 이건 템플 게임과 관련이 없는 위급한 상황이라고. 아…… 혹시, 관련이 있는 건가?'

"오, 신이시여! 아빠의 성스러운 돌이 없어졌다고?"

아테나는 옴파로스가 놓여있던 탁자로 가서 도둑의 정체를 알 수 있는 단서가 있는지 확인했다.

"이해할 수가 없어."

암피트리테가 다시 말을 이었다.

"오직 예언자만이 옴파로스의 힘을 쓸 수 있잖아. 그렇다면 훔쳐 가 봤자 무슨 소용이 있어?"

그 말을 듣더니 포세이돈이 아테나를 향해 고개를 돌렸다.

"옴파로스에 대해 아는 게 있니? 뭔가 도움이 될 만한 정보가 없을까?"

아테나는 어깨를 들썩여 보이며 대답했다.

"아빠가 세계의 중심을 찾기 위해 독수리 두 마리를 날려 보냈는데, 그 독수리들이 여기서 만나 땅으로 내려왔더니 그 돌이 놓여 있었대. 아, 아빠는 옴파로스를 두고 세계의 '배꼽'이라고 하셨어."

심각한 상황이지만 그 말에 양쪽 팀 모두 쿡쿡 웃음을 터뜨렸다. 그러자 아테나도 빙그레 웃었다.

"아빠 유머 감각이 좀 특이하잖아."

이어 아테나의 얼굴이 다시 진지해졌다.

"범인이 누구인지는 모르지만, 그자는 말썽을 일으키려 하고 있어. 옴파로스가 사라졌다는 걸 알면 아빠가 불같이 화를 내실 거야."

"뭐가 사라진 걸 알아낸다는 거니? 무슨 소리야? 돌은 어디 갔어?"

방 안쪽 어둠 속에서 갑자기 예언자 피티아가 불쑥 나타났다. 아마 지진을 피해 그곳에 웅크리고 있었던 모양이었다. 피티아가 망토에 달린 모자를 벗자, 암피트리테는 피티아의 두 눈에 두려움이 가득한 걸 볼 수 있었다.

피티아는 의자를 바로 세우고 그 위에 올라앉더니 몸을 천천히 흔들기 시작했다. 아이들이 무슨 일이 있었는지 설명하려 했지만 피티아는 마치 다른 세상에 있는 듯 먼 곳을 바라볼 뿐이었다.

"위대한 전투가 보이도다."

갑자기 피티아가 으스스한 목소리로 말하기 시작했다.

"이번 일은 티탄과 벌였던 전투 때보다도 더 가혹하게 올림포스의 신들을 시험할 것이다. 조심하라. 전사 백 명이 곧 도착하리라."

열 명의 소년 소녀들은 경악하지 않을 수 없었다. 오래전 올림포스의 신들과 티탄 사이에 끔찍한 전쟁이 벌어졌지만, 제우스가 이끄는 올림포스의 신들이 결국 승리를 거두며 끝난 적이 있었기 때문이었다.

"흠, 이건 좋지 않은 소식인데."

긴 침묵을 깨고 하데스가 말을 꺼냈다. 그러자 아테나가 피티아에게 물었다.

"옴파로스가 없어도 예언을 할 수 있네요?"

"새로운 예언이 아니란다. 전에도 본 적이 있어."

피티아는 망토 모자를 다시 덮어쓰고는 얼굴을 가리며 말을 이었다.

"그게 다야. 네 말이 맞다. 내 예언 능력은 사라졌어."

그러자 포세이돈이 날카로운 목소리로 물었다.

"그럼 앞으로 일어날 전투에서 우리의 적이 누군지 모른다는 거예요?"

망토의 모자가 이리저리 흔들렸다.

"모른다는 뜻인가 보네."

아테나 팀의 파나케이아가 중얼거렸다. 그러자 디오니소스가 나섰다.

"티탄은 우리의 가장 큰 적이에요. 설마······."

"아냐."

하데스가 디오니소스의 말을 자르며 끼어들었다.

"옴파로스를 훔친 범인은 티탄이 아니야. 티탄은 타르타로스에 단단히 갇혀 있는걸."

하데스와 헤라클레스는 바닥의 구멍 옆에 무릎을 꿇고 앉아서 깊이를 가늠하고 있었다.

헤라클라스는 구멍 안에 몽둥이를 넣고 이리저리 움직이면서 혹시 무언가 걸리지 않는지 확인했다. 이윽고 아무런 단서도 남아 있지 않다는 걸 확인한 헤라클레스는 포기한 듯 한숨을 쉬며 일어섰다.

"그래. 하지만 티폰 때도 그런 줄 알았잖아."

헤라클레스가 하데스를 바라보며 말을 이었다.

"하지만 그자는 어떻게든 그곳에서 도망쳐 나왔어."

암피트리테는 그 이름을 듣고서 부르르 떨었다. 회오리바람 괴물 티폰의 악명은 바다 족속에게까지 퍼져 있었다. 타르타로스는 지하 세계에서도 가장 악독한 자들이 가는 음침한 곳인데, 티폰은 인간 세계를 짓밟은 죄로 그곳에 갇혀 있다가 몰래 빠져나와 올림포스 학교까지 공격한 무시무시한 악당이었다.

〈십대들의 두루마리〉 잡지에 난 파마의 기사에 따르면 무지개 여신 이리스가 제우스를 도와 티폰을 다시 사로잡았고, 티폰은 다시 말썽을 일으키지 못하도록 새로운 비밀 장소에 갇혀 있다고 했다.

"아, 그런데 다들 어디에 있는 거야?"

판도라가 문 쪽을 바라보며 중얼거렸다.

"왜 다른 팀은 오지 않는 거지?"

델피니오스가 어깨를 들썩이며 대답했다.

"더 멀리 가서 신전이 흔들리는 걸 알아차리지 못했나 봐."

그러자 포세이돈이 맞받아쳤다.

"아니면 다음 신전이 어디인지 이미 알아내서 떠났을지도 모르지."

포세이돈의 목소리에 걱정이 가득했다.

"자, 서두르자. 우리도 모두 게임에 다시 임해야 해."

그 말에 암피트리테는 내심 놀라서 되물었다.

"공격을 받았는데도 템플 게임을 계속하겠다고?"

하르모니아도 나섰다.

"이 문제를 다른 팀하고도 의논해 보아야 하지 않겠어? 잠시 게임을 멈추기로 합의하는 게 좋을 것 같아."

그러자 포세이돈이 발끈했다.

"이 팀 주장은 네가 아니라 나야. 그리고 이 팀은 게임에 계속 참가할 거야."

말을 마친 포세이돈은 하데스, 델피니오스와 머리를 맞대고서 피티아의 수수께끼에 대해 나직이 이야기를 주고받기 시작했다.

그때 암피트리테의 귓가로 아테나가 자기 팀에게 하는 말이 들려왔다.

"파나케이아, 파마는 안두루이드로 아빠랑 연락할 수 있잖아. 파마를 찾아서 이곳에 무슨 일이 있었는지 아빠한테 전달

해 줄래?"

아테나는 모두를 안심시키려는 듯 한마디를 덧붙였다.

"아빠는 이 일을 어떻게 처리해야 할지 알고 계실 거야."

파나케이아가 나가자마자 예언자 피티아가 불쑥 말을 꺼내어 모두의 주의를 끌었다.

"마지막으로 이 한 가지는 분명히 기억해라. 가이아가 분노하고 있다."

"가이아가 누구야?"

판도라가 고개를 갸웃했다. 분명히 들은 적이 있는 듯한 이름이었다.

"대지의 여신."

하데스가 어둡고 불길한 목소리로 대답했다.

"가이아한테선 퀴퀴한 묵은내가 나지. 가이아는 지하 세계의 경계를 이루는 스틱스강 주변을 늘 어슬렁대고 있어. 올림포스 학교를 공격하라고 부추긴 것도 가이아의 짓일 거야."

헤라클레스가 인상을 팍 찌푸리며 되물었다.

"왜 그런 짓을 하는 거야?"

"티폰은 가이아의 아들이거든."

그 말에 몇몇 아이들이 놀라서 눈을 휘둥그렇게 떴다.

"가이아가 화났다는 말도 맞아. 가이아는 지난번 전쟁에서 티탄이 올림포스 신을 이겨야 마땅했다며 늘 투덜대거든."

그때 바깥에서 급한 발걸음 소리가 들리더니 사제 세 명이 달려 들어왔다. 사제들은 눈앞의 사태를 보고서 얼굴이 하얗게 질리더니 얼른 예언자의 곁으로 가서 상태를 살폈다.

"자자, 여러분, 나가세요!"

처음에 아이들을 맞이했던 사제가 신경질적으로 말했다.

"어서요!"

다른 참가자들과 함께 서둘러 방을 나서던 암피트리테의 발에 작은 돌멩이가 밟혔다. 암피트리테가 돌멩이를 빼려고 몸을 숙이는데 아테나가 곁으로 다가왔다.

"있잖아, 포세이돈의 말이 옳긴 해."

아테나가 암피트리테와 나란히 서서 바깥을 향해 종종걸음을 치며 말했다.

"안드로이드 때문에 전 세계가 우리를 지켜보고 있잖아. 우리 때문에 다들 기겁하게 되면 어떻게 해. 그러니까 아빠한테서 지시가 올 때까지 일단은 템플 게임을 계속하는 게 좋을 것 같아."

어느새 따라온 판도라가 아테나의 반대편에 서서 함께 걷다가 암피트리테에게 물었다.

"테티스, 너 괜찮아? 절뚝거리고 있잖아. 아까 지진 때 다친 거야?"

"아니야, 난 괜찮아. 샌들 밑에 뭐가 끼어서 그래."

암피트리테는 잠깐 멈춰 서서 한 손으로 벽을 짚은 채 다른 손으로 샌들 바닥에 낀 돌멩이를 빼냈다.

그런 뒤 몸을 일으켰을 때, 아테나가 차가운 눈빛으로 암피트리테를 바라보고 있었다.

"네가 테티스라고? 네레우스의 딸 테티스란 말이니?"

"응."

거짓말이 생각보다 쉽게 나왔다. 하지만 아테나는 여전히 못 미더운 표정을 거두지 않았다. 암피트리테는 마음이 점점 불안해졌다.

'아까 뜰에서 제대로 인사할 기회가 없긴 했는데, 혹시 아테나가 테티스랑 아는 사이인가? 아니면 테티스의 초상화를 본 적이 있는 걸까? 내가 테티스 행세를 하고 있다는 걸 눈치챘

나? 어휴, 소름 끼쳐!'

머릿속에 의문이 소용돌이쳤다. 암피트리테는 늘 궁금증 넘치는 판도라의 기분을 이해할 수 있을 것만 같았다.

"노려봐서 미안해."

다시 걸음을 옮기며 아테나가 말했다.

"올해 초에 아프로디테랑 나랑 지중해 유치원에서 온 테티스와 암피트리테라는 아이를 맡은 적이 있거든. 그런데 그 애들은 겨우 대여섯 살 정도였어. 그래서……."

암피트리테는 그제야 마음이 놓여서 거품 같은 웃음을 까르르 터뜨렸다.

"그 애들은……."

암피트리테는 신전 밖의 환한 햇살 속으로 나서면서 하려던 말을 멈추었다. 왜 다른 다섯 팀은 신전 안으로 돌아오지 않았는지 이제 이유를 알 수 있었다. 사제와 경비병들이 아무도 다시 들어가지 못하게 신전 입구를 막고 있었기 때문이었.

암피트리테가 아테나, 판도라와 함께 신전 밖으로 완전히 빠져나오자 양 팀의 일행이 계단 밑에서 기다리고 있었다. 포세이돈의 못마땅한 눈길 속에 하르모니아가 나머지 팀에게 신전 안에서 있었던 일을 바삐 전하고 있는 모습도 보였다.

"아까 하려던 말은, 네가 만난 아이들이 바로 내 동생이라는 거였어."

암피트리테가 아테나, 판도라와 함께 계단을 후다닥 내려가며 말했다.

"우린 자매가 오십 명이나 되거든. 그래서 부모님이 이름에 대한 고민을 쉽게 해결하느라 동생들한테도 똑같은 이름을 지어주셨어. 네가 만난 애들은 암피트리테 둘과 테티스 둘일 거야. 나는 아……."

암피트리테는 아슬아슬하게 말을 삼켰다.

'앗…… 또! 아, 이러지 말아야지!'

"나는 알다시피 그냥 테티스고."

아테나가 환하게 웃으며 대답했다.

"그렇구나."

일행에게 다가서며 암피트리테가 다시 이야기를 이었다.

"올림포스 학교를 방문한 뒤로 동생들이 너에 대한 이야기를 얼마나 했는지 몰라. 지금도 여전히 그렇고 말이야. 둘 다 너랑 아프로디……."

포세이돈이 암피트리테와 아테나의 대화를 듣더니 불쑥 끼어들었다.

"애들아, 미안한데 이제 중요한 문제에 집중하면 안 될까?"

하데스도 짐짓 한마디를 거들었다.

"예를 들면 게임 같은 거?"

아테나는 무슨 소리냐는 듯이 눈을 껌벅이다가, 어느 순간 단호한 표정을 지었다. 템플 게임이라는 커다란 과제에 다시 집중하는 듯했다.

"아, 그래. 맞아."

암피트리테는 어이가 없었다.

'아니 둘 다 주장이라면서, 지금 게임에서 이기고 지는 것보다 더 큰 걱정거리가 있다는 사실이 안 보이나?'

안타깝지만 두 주장은 암피트리테와는 생각이 다른 듯했다. 아이들이 게임 이야기를 나누는 동안 암피트리테는 주먹을 살며시 펴 보았다. 샌들에 박혀 있던 돌멩이가 기억났기 때문이었다. 암피트리테는 손가락 끝으로 돌멩이에 묻은 흙을 살살 털어냈다. 그러자 광택이 흐르는, 완벽한 둥근 모양의 연한 황금빛 물체가 모습을 드러냈다.

'어머, 이건 돌멩이가 아니라 진주잖아!'

암피트리테는 누군가가 보기 전에 얼른 호주머니에 진주를 넣었다. 심장이 콩닥콩닥 뛰었다.

'내가 찾은 게 아니라 이 진주가 내 샌들에 박히면서 날 찾아온 거야. 우연이라고 하기에는 너무 기막힌 우연인데, 이게 어떤 뜻일까?'

암피트리테는 그 진주가 혹시 전설의 마법 진주 목걸이에서 떨어져 나온 건 아닐까, 하고 생각했다. 만약 그렇다면 신전 안에 진주가 더 있을 지도 몰랐고, 바다 족속이 전설의 목걸이를 찾아 바닷속을 그토록 뒤졌지만 아무도 찾아내지 못한 이유도 설명이 됐다.

'오, 생각해 봐! 만약 내가 마법 목걸이 전체를 찾는다면 우리 자매 모두가 진주를 하나씩을 받고도 남을 거야. 그럼 한 명씩 간절한 소원을 이룰 수 있겠지!'

암피트리테가 나직이 중얼거렸다.

"그럼 난 소원으로 바다와 육지 양쪽에서 살 수 있게 해달라고 빌 거야."

암피트리테는 눈을 들어 신전을 바라보았다. 안타깝게도 퉁명스러워 보이는 경비병이 정문을 막고 있었다.

'쩝, 진주를 찾으러 들어가게 해 줄 것 같진 않네. 적어도 지금 당장은 안될 거 같아.'

"애들아!"

포세이돈이 짜증을 내며 동료들의 주의를 끌려 했다.

"혹시 모를까 봐 알려 주는 건데, 아르테미스의 팀은 이미 델피를 떠났어. 수수께끼를 풀고 다른 팀보다 유리하게 출발했다고."

동료들이 불안한 듯 뭐라고 웅얼웅얼했다.

"집중해야 해."

포세이돈이 가까이 모이라는 손짓을 했다.

"일단 첫 번째 목적지부터 알아내는 거야. 제우스 교장 선생님께서 별다른 지시를 내리기 전까지는 이 게임은 계속되는 거니까."

그때, 아테나의 부탁을 받고 파마에게 소식을 전한 파나케이아가 자기 팀으로 돌아가느라 포세이돈 팀을 지나갔다.

"아! 아까 하려다 못한 말이 기억났어. 예언자의 수수께끼와 관련된 거야."

암피트리테는 목소리를 낮추지 않고 거침없이 말하며 파나케이아를 멈춰 세웠다.

"우리가 신전 뜰에서 처음 만났을 때, 네 이름의 뜻이 '모든 병을 낫게 하는 약'이라고 했잖아. 네 이름에 들어가 있는 '판(pan)'이라는 말이 그리스어로 '모든'이 맞지? 예언자가 낸 수수께끼에 들어가 있는 '모든'이란 말과 같은 말이지?"

그러자 판도라가 고개를 갸웃하며 되물었다.

"그럼 내 이름은 무슨 뜻이지?"

파나케이아가 대답을 하려는 순간, 포세이돈이 끼어들었다.

"집중해! 지금은 말뜻을 논할 때가 아니야."

포세이돈은 짜증이 잔뜩 묻은 목소리로 암피트리테에게 물었다.

"'판'이란 말이 왜 그렇게 중요한 건데?"

"왜냐하면 이탈리아 로마에 '판'테온이란 신전이 있거든. 판테온은 '모든 신'이라는 뜻이고, 그 신전은 한 명이 아닌 '모든' 로마의 신들을 모시는 곳이야."

갑자기 암피트리테의 눈이 더욱 반짝였다. 판테온에 대해 또 다른 사실이 떠올랐기 때문이었다.

"게다가 그 신전 지붕에는 오쿨루스라고 부르는 커다란 구멍이 뚫려 있어!"

그러자 아테나가 환한 얼굴로 외쳤다.

"오쿨루스는 '눈'이란 뜻이잖아!"

그제야 암피트리테는 주위를 둘러보았다. 남아 있는 여섯 팀 모두가 서로 나누고 있던 말을 멈추고 암피트리테와 아테나를 바라보고 있었다.

헤라클레스가 고개를 주억거리며 중얼거렸다.

"신전 지붕에 눈이 달려 있다……. 폭풍이 치면 비가 신전 안으로 들이치겠군."

암피트리테가 말을 받았다.

"그럼 신전이 우는 것처럼 보일 거야!"

모든 아이들이 입을 떡 벌린 채 암피트리테를 쳐다보았다. 포세이돈이 먼저 입을 열었다.

"넌 그런 걸 어떻게……."

암피트리테는 어깨를 들썩여 보이며 대답했다.

"난 책을 많이 읽거든. 특히 여행과 모험에 관한 내용을 좋아해. 우리 학교 도서관에 가면 난파선에서 찾아낸 두루마리가 잔뜩 쌓여 있는데 그 안에는 세상에 대한 온갖 쓸모 있는 정보가 가득해."

파마가 안두루이드에 뭔가를 열심히 썼다. 암피트리테가 예언자의 수수께끼를 풀었다는 걸 모두가 깨달은 순간, 갑자기 신전 뜰이 어수선해졌다. 아이들은 로마로 가기 위해 온갖 이동 수단을 마련하느라 바삐 움직였다.

전차, 수레, 날개 달린 말, 날개 샌들, 자신의 날개가 가진 힘

등 저마다의 방법으로 팀들이 속속 자리를 떠나기 시작했다. 암피트리테는 아테나가 샌들의 끈을 느슨하게 푸는 모습을 지켜보았다. 뒤꿈치에 달린 은색 날개가 파닥이더니 아테나의 몸이 땅에서 15센티미터 정도 붕 떠올랐다. 다음 순간 아테나는 더 높이 날아올라 빠른 속력으로 멀어졌다.

암피트리테는 신전 문을 다시 바라보고서 한숨을 푹 쉬었다. 경비병이 여전히 자리를 지키고 있었다. 안으로 들어가 진주를 찾는 건 다음 기회를 노려야 할 듯했다.

"가자!"

포세이돈이 소리쳤다. 어느새 포세이돈과 나머지 동료들은 출발 준비를 마치고 땅에서 떠올라 있었다. 암피트리테는 얼른 몸을 숙이고서 아테나가 했던 대로 뒤꿈치의 날개를 느슨하게 풀어 주었다.

'어? 왜 아무 반응이 없는 거지? 날개가 꼼짝도 안 하네.'

암피트리테는 마법 샌들에게 핀잔을 주었다.

"이봐요, 샌들 씨. 그만 가자고요. 야, 너 정말 나한테 왜 이러는 거니?"

갑자기 힘센 손이 암피트리테의 손을 꽉 붙잡았다.

"어머!"

암피트리테가 놀라 소리를 지른 순간, 몸이 부웅 하고 떠올랐다!

"불멸의 신만 샌들의 마법을 쓸 수 있어."

포세이돈이 씩씩하게 말했다.

"그러니까 내 손을 잘 잡아야 해."

더 설명할 필요도 없었다. 발아래에서 땅이 무시무시한 속도로 스쳐 지나가기 시작하자마자, 암피트리테는 포세이돈의 손을 절대 놓치지 않기로 마음먹었으니까.

첫 번째 과제
포세이돈의 이야기

　포세이돈은 테티스가 날개 샌들의 마법을 쓰지 못하는 걸 보고서 땅으로 휙 내려왔다. 뒤꿈치 날개가 불멸의 존재인 포세이돈의 손길을 느끼자 곧장 파닥이기 시작했다.
　"어머!"
　테티스가 소리를 질렀다. 날개 샌들의 마법이 익숙하지 않아서 불안한 모양이었다. 포세이돈이 테티스의 손을 잡고 하늘 높이 날아오르자 테티스가 포세이돈의 손을 꽉 맞잡았다. 하지만 그걸로도 모자랐는지 다른 손으로 포세이돈의 팔까지 붙들었다. 로마로 향해 달려가는 동안 바람이 귓전을 윙윙 스치고 지나갔다.

어느 정도 시간이 흐르자, 테티스가 마음이 놓이는지 포세이돈을 향해 방긋 웃었다.

"재미있어! 이제 전혀 겁나지 않아."

포세이돈은 테티스의 두 눈이 행복으로 빛나는 걸 보고 내심 놀랐다. 그리고 즐거워하는 테티스를 보니 자기도 모르게 웃음이 났다.

"그럼 이제 그만 피가 통하게 해 줄래?"

포세이돈은 눈짓으로 팔을 가리켰다. 테티스의 긴장한 손가락이 포세이돈의 팔에 피가 통하지 않을 정도로 세게 파고들어 있었다. 테티스는 거품 같은 웃음을 터뜨리며 손가락에 힘을 조금 풀더니 이내 손을 놓았다. 그 대신 포세이돈과 맞잡은 손에 힘을 더 꽉 주었다.

"걱정 마."

포세이돈은 테티스의 용기를 북돋아 주려 했다.

"나랑 손을 잡고 있기만 하면 날개 샌들이 네 몸을 공중에 띄워 줄 거야."

"그것참 '손' 쉬운걸?"

테티스가 농담을 던지며 까르르 웃었다. 포세이돈도 따라 웃으며 짐짓 어이없다는 표정을 지어 보였다. 포세이돈은 그제야

테티스의 유머 감각을 알아보고 함께 즐기기 시작했다.

"네 힘으로 스스로 날지 못해서 좀 의외였어. 네 아버지는 신이잖아."

테티스는 발아래 펼쳐진 풍경에 눈길을 주며 대답했다.

"엄마가 신이 아니거든. 우리 엄마는 반은 인간이고 반은 인어야."

그러자 포세이돈이 대답했다.

"그래도 넌 어릴 때부터 헤엄도 치고 걸을 수도 있었잖아. 안 그래? 그럼 이동 수단이 두 가지나 있는 거지 뭐."

테티스는 미묘한 눈길로 포세이돈을 쳐다보더니 이내 고개를 돌렸다.

"어, 응."

포세이돈은 의아했다.

'방금 저 반응은 뭐지? 쩝, 여자아이들 속내는 도무지 종잡을 수가 없어. 게다가 지금은 다른 중요한 문제를 생각할 때야.'

저만치 앞에 달려가는 다른 팀들이 보였다. 다들 로마를 향해 북서쪽으로 움직이고 있었지만, 아무도 서로에게 다가가서 이야기를 나누려 하지 않았다. 포세이돈을 비롯한 모두가 오직 하나의 목표, 즉 승리에만 몰두하고 있었다.

잠시 후 테티스가 소리쳤다.

"저기 봐! 인어야!"

테티스는 지중해 북쪽, 그리스와 이탈리아 사이에 자리하고 있는 이오니아해를 넋을 잃고 바라보고 있었다.

포세이돈은 테티스가 가리킨 쪽으로 눈길을 돌렸다. 인어들이 꼬리를 살랑이며 헤엄치고 있었다. 분홍 꼬리, 은빛 꼬리 등 온갖 색깔이 모여 있어 무지개를 보는 듯했다. 몇몇 인어는 수면 위로 올라와 손을 흔들었다. 테티스도 반갑게 손을 흔들며 인사했다.

"저기 내려갈 수 있어?"

테티스가 물었다.

"잠깐만 물속에 들어갔다가 나오고 싶어. 점점 몸이 마르는 것 같아."

"그건 내가 해결해 줄 수 있어."

포세이돈은 삼지창을 머리 위로 들어 올린 채 빙글빙글 돌리며 마법 주문을 외웠다.

바다여,
내게 오라!

삼지창을
채우라!

 곧바로 삼지창 끝에서 시원한 바닷물이 촤아악 뿜어져 나와 테티스를 적시기 시작했다. 갑자기 물이 쏟아지자 놀란 테티스는 그만 포세이돈의 손을 놓고 말았다.
 "도와줘!"
 테티스가 아래로 떨어지며 비명을 질렀다. 포세이돈은 쏜살같이 달려 내려가 테티스를 붙잡았다. 다시 손을 맞잡게 되자 포세이돈은 아예 손깍지를 단단히 꼈다.
 "미안해. 미리 말해 주었어야 했는데. 그래도 바닷물을 뿌렸으니까 앞으로 24시간 동안은 안전할 거야."
 "고마워."
 테티스가 숨을 헉헉대며 대답했다.
 "바닷물도 그렇고, 구해 준 것도."
 그러더니 테티스의 눈이 포세이돈 뒤쪽의 무언가를 보고 반짝했다. 포세이돈이 테티스의 눈길을 따라 고개를 돌렸다. 한참 뒤처져 있던 아레스의 전차가 어느새 바싹 다가와 있었다.
 '이런, 아레스 팀이 조금 전 상황을 본 건가?'

포세이돈은 창피했다. 자신은 날개 샌들을 신고 갈 때 상대를 절대 놓치지 않는다며 남학생들끼리 서로 뻐겨댄 적이 있기 때문이었다.

"어떻게 삼지창에서 바닷물이 쏟아져 나오게 한 거니?"

테티스의 질문에 포세이돈은 퍼뜩 정신을 차렸다. 테티스가 삼지창을 간절한 눈으로 바라보며 다시 물었다.

"나도 배울 수 있어?"

포세이돈은 고개를 가로저었다.

"내가 직접 만든 주문이야. 제대로 쓰는 데만 일 년이 꼬박 걸렸어. 그리고 바다를 지배하는 건 나니까 나만 쓸 수 있어."

"아."

테티스의 어깨가 축 쳐졌다.

"나도 집에 삼지창이 있거든. 내 머리카락처럼 청록색이고 반짝반짝 빛이나. 비록 네 것처럼 크지도 강력하지도 않지만, 너한테 배워서 나도 같은 마법을 써 보고 싶었어. 그럼 뭍멀미에 걸리지 않고 동생들과 육지를 자유롭게 여행할 수 있을 테니 말이야."

테티스의 표정이 어찌나 간절한지 포세이돈은 어떻게든 부탁을 들어주고 싶은 마음마저 들었다. 하지만 그런 힘을 쓸 수 있는 신은 오직 제우스뿐인데, 제우스는 그런 부탁을 쉽게 들어주지 않았다.

"어머! 저기 저 아래 사람들을 봐."

테티스가 다시 쾌활해져서 소리쳤다. 둘은 이제 이탈리아 땅에서 30미터 상공을 날고 있었다. 작은 마을과 구불구불한 길, 초록색 언덕이 보였다. 템플 게임 소식을 들은 사람들이 언덕과 마을 길에 모여 서서 환호성을 지르고 응원 팻말을 흔들고 있었다.

테티스는 사람들에게 열심히 손을 흔들어 답했다. 포세이돈은 인간의 사랑을 받는 데 익숙했다. 아니, 솔직히 당연하다고 느끼고 있을 정도였다. 그런데 테티스가 열심히 손을 흔들며 기뻐하니 덩달아 기분이 밝아졌다.

"너 설마 이만한 일에 들뜬 건 아니지?"

포세이돈이 빙글거리며 테티스를 놀렸다.

바람에 테티스의 청록색 머리카락이 날려 얼굴을 가렸다. 테티스는 머리카락을 귀 뒤로 쓸어 넘기며 대답했다.

"네 삼지창을 걸고 맹세하는데, 당연히 들떴지! 게다가 높은 곳에서 보니까 모든 게 아름다워. 이럴 줄은 전혀 몰랐거든. 너야 뭐 익숙한 일이겠지만."

테티스의 말대로 포세이돈에게는 전혀 새로울 게 없는 일이었다.

'흠, 하지만 테티스한테는 정말로 감동적인 경험이겠지?'

포세이돈이 그 말을 하려는데, 갑자기 누군가 소리쳤다.

"어이! 너희들 여기 있었구나!"

하데스가 전차에 델피니오스와 판도라를 태우고서 쌩 달려왔다. 다섯 명의 소년 소녀들은 나란히 로마로 향했고, 그날 오후 일찍 판테온에 도착했다.

아테나 팀은 먼저 도착해서 신전 계단을 오르는 중이었다. 아레스 팀도 막 도착한 참이었다. 판도라와 테티스는 다른 팀 아이들에게 손을 흔들며 인사를 건넸다.

'쟤들은 지금 우리가 경쟁 중이란 걸 모르나?'

포세이돈은 짜증이 슬며시 올라왔다.

'상대 팀을 이기려고 애쓰면서 그 애들이랑 사이좋게 지내는 건 좀 이상하잖아!'

"선두를 빼앗겨서 아쉽네."

델피니오스가 한마디를 하더니 힘을 내자는 듯 주먹으로 허공을 치며 덧붙였다.

"그래도 우리 팀이 반드시 승리를 얻을 거야!"

"당연하지!"

판도라가 델피니오스와 손을 짝 마주쳤다. 그러자 테티스도 활짝 웃으며 말했다.

"그럼! 우리 팀이 가장 빛날 거야!"

'빛난다고?'

포세이돈은 오라클 쿠키의 예언이 떠올라 테티스를 미심쩍은 눈으로 쳐다보았다.

'일부러 그 말을 고른 걸까? 정말로 테티스는 나보다 빛나고 싶어 하는 걸까? 그렇게 경쟁심이 있는 편은 아닌 듯한데……. 하긴, 내가 얘를 알면 얼마나 알겠어. 만난 지 몇 시간 되지도 않았는데 말이야.'

테티스와 함께 하늘을 날아오는 동안 편안해졌던 기분이 순식간에 싹 가셨다. 포세이돈은 테티스를 한쪽으로 데리고 가서 이야기했다.

"아까 델피에서 대단한 성과를 냈다고 말해 주고 싶었어. 예언자의 수수께끼에 대한 답을 알아냈잖아. 그런데…… 앞으로 그런 정보는 우리 팀 안에서만 나누면 좋겠어. 알았지? 다른 팀한테 알려 줄 필요는 없잖아."

그러자 테티스가 인상을 찌푸리면서 대답했다.

"네가 정 그렇다면 그렇게 할게."

'엉?'

포세이돈은 테티스를 쏘아보았다. 포세이돈은 나름대로 칭찬과 함께 좋은 조언을 해 주었는데, 테티스는 그 사실을 모르는 듯했다. 포세이돈은 테티스가 자신에게 실망했다는 걸 느끼고서 머쓱해졌다.

"그럼, 안에서 보자."

포세이돈은 어색하게 인사하고서 판테온으로 가는 계단을 오르고 있는 하데스와 델피니오스에게 후다닥 달려갔다.

판도라는 벌써 판테온에 들어와 있었다. 넘쳐나는 호기심 때문에 아테나의 팀을 따라 곧장 안으로 이동했기 때문이었다. 포세이돈은 슬쩍 뒤를 돌아보며 테티스가 오고 있는지 확인했다. 조금 떨어진 거리에서 걸어오고 있는 테티스의 모습이 보이자 마음이 놓였다.

'저 애를 얼마나 믿어도 되는지 모르겠지만, 그래도 어쨌든 내 팀이잖아. 그리고…… 뭐랄까……. 내가 챙겨야 할 것 같달까? 하여간 그런 기분이 든단 말이야.'

판테온 정면에는 어른 키보다 열 배는 긴 화강암 기둥들이 맨 앞줄에 여덟 개, 뒤로 네 개씩 두 줄이나 더 자리하고 있었다.

"우와, 꼭 신전 입구를 지키고 있는 거대한 군대처럼 보이는걸."

하데스가 감탄을 터뜨리는 사이, 테티스가 세 소년 곁으로 다가왔다.

"하데스, 흥미로운 지적이야."

테티스가 고개를 끄덕이며 말했다.

"그런 세세한 정보가 첫 번째 과제를 받았을 때 도움이 될 거야. 특히 수수께끼가 또 나온다면 말이지."

그러자 포세이돈이 황급히 거들었다.

"저건 코린트식 기둥이야. 기둥 꼭대기에 아칸서스잎 장식이 새겨져 있는 걸 보면 알 수 있지."

그 말을 들은 테티스가 살며시 웃었다. 하데스는 대놓고 '야, 그건 누구나 아는 사실이거든?' 하는 표정을 지어 보였다.

포세이돈은 할 수만 있다면 말을 도로 주워 담고 싶었다.

'내가 왜 이러는 거지? 테티스한테 잘 보이고 싶은 건가? 보통은 여자애들이 나한테 잘 보이려고 하는데!'

어째서인지 포세이돈은 테티스한테 인정받고 싶었다. 자신을 멋진 남자로 여기고, 우러러봐 주길 바랐다.

직사각형 모양의 로비를 지나자 콘크리트 돔 지붕을 얹은 거대한 원형 홀이 나왔다. 콘크리트 돔의 가장 높은 지점에는 둥그런 구멍이 뚫려 있어서 하늘을 바라볼 수 있었다.

테티스가 그 구멍을 가리키며 말했다.

"오쿨루스야."

"자, 이제 어쩌지?"

판도라가 묻자, 델피니오스가 냉큼 대답했다.

"뭘 좀 먹어야지!"

델피니오스는 두 눈을 반짝이면서 홀 건너편에 마련된 기다란 탁자를 가리켰다. 탁자 위에 검은색 장식이 새겨진 질그릇이 주르르 놓여 있었다.

"교장 선생님께서 각 신전에 들를 때마다 음식이 마련되어 있을 거라고 하셨잖아. 저게 그건가 봐."

포세이돈이 말했지만, 아무도 듣는 이가 없었다. 벌써 다들 탁자로 우르르 달려가고 있었으니 말이다.

약속했던 대로 그릇 안에는 암브로시아 스튜와 암브로시아 샐러드처럼 맛난 음식이 가득했다. 감자, 고기, 당근을 넣고 끓이는 일반적인 스튜에 아스포델이라는 지하 세계의 채소를 더해 맛을 낸 지하 세계 특제 스튜도 보였다. 그 밖에도 치즈를 곁들인 넥타르로니, 별 모양의 국수를 넣은 천상 수프, 온갖 넥타르 음료며 무화과, 대추, 견과류, 배, 포도, 케이크와 꿀을 포함한 음식들이 마련되어 있었다.

포세이돈은 과일 옆에 놓인 쪽지를 집어 들었다.

"판테온을 관리하는 로마 관리자가 메모를 남겼어. 그리스 음식이 든 항아리를 잔뜩 보내 주어서 고맙다고 말이야."

아테나가 무슨 말인지 알겠다는 듯 고개를 끄덕였다.

"우리가 도착하기 전에 아빠가 여기로 음식들을 보냈나 봐. 아마 문화 교류를 장려하려는 생각으로 그러신 걸 거야. 우호적인 관계를 맺는 데 맛있는 음식을 나누는 것만큼 좋은 방법이 어디 있겠어!"

포세이돈 팀은 얼른 접시에 음식을 차곡차곡 담기 시작했다. 맛난 음식 향기에 저절로 침이 꼴깍 넘어갔다. 하지만 포세이돈은 오로지 하나의 목표에만 집중하려 애를 썼다.

'내겐 오직 승리뿐이야. 그러니 판테온 안을 둘러보며 이곳의 모든 면을 파악해 두는 게 좋을 것 같아. 첫 번째 과제를 받기 전에 미리미리 움직여야지.'

포세이돈은 동료들에게 외쳤다.

"애들아, 식사는 좀 미루자. 이곳을 살펴보는 게 먼저야."

넥타르로니를 한 수저 떠먹으려던 델피니오스가 황당하다는 표정으로 포세이돈을 쳐다보았다.

"어이, 친구! 우린 배고파 죽을 것 같아. 네가 주장으로서 늘 앞서나가는 건 고마운데, 지금은 좀 쉬면서 허기부터 채우자."

테티스가 주위를 손짓하며 거들었다.

"다른 팀도 전부 식사 중이야."

사실이었다. 이제 거의 모든 팀이 도착해서 식탁 주위에 모여 있었다.

그때 낯선 소리가 울려 퍼졌다.

디링, 디링, 디링.

아이들은 서로를 쳐다보았다.

"이게 무슨 소리지?"

역시 판도라가 가장 먼저 물었고, 하데스도 나름의 추리를 내어놓았다.

"올림포스 학교 전령이 켜는 리라 종소리랑 비슷하지 않아?"

그러자 테티스가 키톤 호주머니에서 뭔가를 꺼냈다.

"우리 두루마리에서 나는 소리야. 메시지가 도착했나 봐."

판테온 곳곳에서 아이들이 안두루이드를 꺼내어 펼치기 시작했다. 메시지가 모두에게 동시에 도착한 듯했다.

'교장 선생님이 끝내주는 걸 만드셨네.'

포세이돈은 속으로 중얼거리며 자신의 주장용 보라색 두루마리를 꺼냈다.

일단 먹어라.
첫 번째 과제는 정오에 주어질 것이다.
제우스

"자, 그럼 맘 놓고 먹어도 되지?"
판도라가 묻자 포세이돈은 어쩔 수 없이 고개를 끄덕였다.
"그래. 정오까지 아직 한 시간 남았으니까."
"앗싸. 우리 주장 최고! 애들아, 먹자!"
델피니오스는 숟가락이 보이지 않을 정도로 열심히 넥타로니를 퍼먹었다.
포세이돈의 팀은 배를 채우고 난 뒤, 신전 내부를 돌아다니며 구조를 열심히 눈에 익혔다. 심지어 하데스와 델피니오스는 밖으로 나가서 외부도 관찰했다. 테티스의 말대로 세세한 정보를 알아 두면 도움이 될지 누가 알겠는가? 많이 알면 알수록 게임에서는 더 유리하기 마련이었다!
포세이돈은 천장을 살펴보고 있는 테티스를 발견하고 곁으로 갔다. 그러자 테티스가 먼저 말을 꺼냈다.

"바닥에서 오쿨루스까지의 거리가 판테온 돔의 폭과 같대. 전에 말했던 두루마리에서 읽었어."

"좋은 정보네. 분명 도움이 될 거야."

포세이돈은 내심 감탄했다.

'테티스는 책에 머리를 파묻고 사는 아테나만큼이나 똑똑한 것 같아.'

그때 갑자기 테티스가 기겁했다.

"왜 그래?"

테티스의 눈길이 여전히 오쿨루스를 향해 있었기에 포세이돈도 위를 올려다보았다. 하지만 구멍 사이로는 파란 하늘과 하얀 뭉게구름만 보일 뿐이었다.

테티스는 고개를 흔들더니 머쓱한 표정을 지었다.

"음, 아무것도 아닐 거야. 그냥…… 순간 오쿨루스에 눈동자가 나타나더니 우리를 내려다보는 것 같았어."

"내가 올라가서 확인해 볼게. 지붕 위에 정말로 뭔가 있을 수도 있잖아. 어쩌면 단서가 있을 수도 있고! 다른 애들한테는 계속 신전 안을 살펴보라고 전해 줘."

포세이돈은 곧장 위로 날아올라 오쿨루스를 통해 밖으로 나갔다. 다른 팀 주장들이 포세이돈의 행동을 보니 혹시 자신이 모르는 걸 알고 있나 싶어서 똑같이 따라갔다.

잠시 후 포세이돈과 다섯 주장은 판테온 지붕에 서서 도시를 내려다보았다. 포세이돈은 일곱 주장 중에서 아르테미스가 보이지 않음을 깨달았다.

'그러고 보니 아르테미스도 그 팀 아이들도 아직 도착하지 않았구나.'

"여긴 왜 올라온 거야?"

메두사가 대놓고 물었다. 메두사는 인간이라 날개 샌들의 마법을 쓸 수 없어서 언니의 손을 맞잡고 함께 올라온 참이었다.

"경치를 즐기려고."

포세이돈은 농담을 던지고는 손차양을 하고서 주변 건물과 나무를 관심 있게 바라보는 척했다. 나머지 주장들도 포세이돈의 눈길이 향한 곳을 바라보았다. 하지만 속으로는 분명 포세이돈이 뭔가를 알고 있다고 생각했다.

"테티스가 이 건물에 대해서는 뭔가 재미 있는 사실을 알려 주지 않았어?"

아폴론이 교묘하게 묻자, 포세이돈은 씩 웃으며 대답했다.

"글쎄."

포세이돈은 농담을 던지면서도 주위를 눈여겨보았다. 하지만 별달리 이상한 점은 눈에 띄지 않았다. 커다란 눈알 같은 건 더더욱 없었다. 대신 아테나가 지붕 가장자리를 날아다니며 세심하게 살피고 있었다.

'아테나도 나처럼 게임에 도움 되는 정보를 찾고 있구나.'

갑자기 아레스가 얼굴이 환해져서 외쳤다.

"저길 봐! 기자와 화가들이 왔어."

신전 앞 거리에 기자와 화가들이 몰려와서 연신 위를 올려다보며 메모를 하고, 두루마리에 템플 게임 참가자의 모습을 그리고 있었다. 그 광경을 보자 이리스가 중얼거렸다.

"불멸의 존재가 왔다는 소문을 들었나 봐."

포세이돈은 사람들 눈길을 의식하느라 손으로 머리칼을 쓱 쓸어 넘기며 이미 완벽한 머리 모양을 한 번 더 정리했다. 포세이돈을 비롯한 소년 신 주장 셋은 최대한 근육질 몸매로 보이려 애쓰면서 화가들을 위해 자세를 취해 주었다.

마을 사람들도 몰려와서 지붕 위의 주장들에게 손을 흔들어 인사했다. 손으로 입맞춤을 날리거나 준비해 온 응원용 팻말을 흔드는 여자아이들도 있었다. 그중에 '청록 빛깔 포세이돈!'이 적힌 팻말이 보였다.

아레스가 싱글거리며 농담을 던졌다.

"테티스가 저 팻말을 보면 뭐라고 할지 궁금하다."

포세이돈은 고개를 갸웃하며 되물었다.

"그게 무슨 소리야?"

"걔랑 너랑 사귀잖아. 맞지?"

"아냐. 그 앤 내……."

포세이돈은 지붕 위에 둘러선 주장들의 얼굴을 보고서 말을 멈추었다. 다들 재미있어 죽겠다는 표정을 짓고 있었다.

'헉, 다들 그렇게 생각하고 있는 거야? 여기까지 날아올 수 있도록 도와주고 떨어질 때 잡아 줬다는 사실만으로?'

포세이돈은 인상을 확 찌푸렸다.

"난 그 애에 대해서 제대로 알지도 못해. 우리는 '그냥' 동료일 뿐이야."

그러자 메두사가 대꾸했다.

"하여간 축축한 성격이라니까. 아레스도 그냥 놀린 거야."

포세이돈은 순간 흠칫했다.

'아, 저 소리. 내 삼지창에서 물이 흐른다는 이유로 정말 지겹도록 들었어. 아니, 시간이 지날수록 더 자주 듣고 있지. 아마 난 영원히 저 놀림에서 벗어나지 못할 거야.'

포세이돈은 억지웃음을 지었다.

"하, 하, 하. 안 웃기거든?"

포세이돈 자신도 그런 농담에 대해 무시하고 넘어가 버릴 수 있기를, 혹은 들어도 마음에 '젖어 들지 않고 말라 버리기를' 간절히 바랐다. 하지만 포세이돈은 결코 그러지 못했다. 다른 아이들이 자신에 대해 어떻게 생각할지 늘 신경이 쓰였다. 전쟁의 신인 아레스나 세상에서 가장 힘이 센 헤라클레스 같은 아이와 경쟁하려니 너무 힘들었다.

게다가 올림포스 학교에는 아레스와 헤라클레스만 있는 것도 아니었다. 아폴론, 디오니소스, 헤파이스토스 등 많은 아이가 대단한 성과를 계속 올리고 있었다.

'그런 녀석들과 경쟁해서 교장 선생님의 주목을 받는다는 건 정말 힘든 싸움이야. 솔직히 꽤 지친단 말이야. 하지만…… 그래도 도전해야지!'

제우스가 경쟁을 즐긴다는 건 모두가 아는 사실이었다. 그러니 포세이돈이 이끄는 팀이 템플 게임에서 우승한다면 분명 엄청나게 좋은 인상을 받을 터였다.

그때 파마가 작은 날개를 팔락이며 오쿨루스 밖으로 빠져나와 아이들 곁으로 왔다.

"아르테미스 팀은 판단을 잘못해서 시칠리아섬으로 갔어. 첫 번째 수수께끼가 키클롭스 선생님 고향과 관련이 있을 거라고 여겼나 봐. 시간에 맞춰 여기 도착할 방법이 없으니 공식적으로 탈락 처리됐어. 곧 안두루이드로 모두에게 그 소식을 전할 거야."

파마는 소식을 전하자마자 다시 오쿨루스를 통해 판테온 안으로 돌아갔다.

"너무 안됐어!"

"불쌍한 아르테미스 언니."

아테나와 이리스는 속이 상해서 어쩔 줄 몰랐다. 아폴론도 시무룩해졌다.

"왜 안 보이나 이상하게 여기던 참이었어. 조만간 나타나지 않으면 쌍둥이 텔레파시로 어디에 있는지 찾아볼까 생각도 했는데, 쩝."

아폴론과 아르테미스는 쌍둥이라서 서로의 모습을 마음속으로 떠올리면 어디에 있는지 알아낼 수 있었다.

'친구가 탈락하는 상황을 누가 반기겠어. 하지만 경쟁이란 본래 그런 걸 어떻게 해.'

포세이돈은 아르테미스와 그 팀 아이들의 처지가 안타까웠다. 그러나 한편으로 '한 팀 날아갔고, 이제 다섯 남았다!' 하는 생각이 슬며시 드는 건 어쩔 수 없었다.

'다행히도 템플 게임이 끝나면 참가한 모든 팀에게 상을 준다니까, 아르테미스가 실수한 게 은근히 반갑더라도 그게 나쁜 마음인 것만은 아니겠지?'

디리링!

모두의 두루마리 장치에 아르테미스에 대한 소식이 전해졌다. 그리고 첫 번째 과제에 대한 제우스의 설명도 도착했다.

우물을 찾아라.
고리를 세고,
28을 곱해라.
판테온의 높이를 빼고
돔 지붕의 폭을 더해라.
(이번 과제에는 날개 샌들을 사용할 수 없다.)

지붕 위에 있던 주장들은 서둘러 판테온 안으로 돌아가서 자기 팀을 만났다. 그러고는 제우스의 수수께끼를 풀려고 다 같이 머리를 맞댔다.

아레스 팀인 퀴도이모스의 툴툴대는 소리가 근처에 있던 포세이돈한테도 들렸다.

"수학이잖아? 템플 게임이라면 참가자의 능력을 겨뤄야지 이게 뭐야. 허, 참나!"

"수학도 실력이야."

이집트 여신 이시스가 차갑게 한마디를 던졌다. 이시스가 어이없다는 듯 고개를 가로젓자 머리에 달린 구슬 장식이 따라서 찰랑거렸다.

"퀴도이모스는 운동 실력 같은 걸 말하는 거야."

마카이가 발끈해서 대꾸했다. 그러자 아레스가 둘을 말릴 겸 끼어들었다.

"날개 샌들로 날지 않고 건물 높이를 잴 방법이 뭐가 있을까? 쓸 만한 아이디어 없니?"

그다음 말은 들리지 않았지만, 포세이돈은 빙그레 웃음이 났다. 불화의 여신이며 아레스의 누나이기도 한 에리스의 효과가 톡톡히 나오고 있는 듯했다. 그나마 자기네끼리만 티격태격하고 있다는 게 다행이라면 다행이었다.

포세이돈은 네 명의 동료를 불러 모았다.

"좋은 생각 있어?"

판도라가 먼저 대답했다.

"판테온 안에 샘물이 있어?"

"샘물이 아니라 우물이야. 여기 봐."

테티스가 제우스의 메시지를 다시 짚어 주었다. 생각에 빠져 있던 하데스가 턱을 톡톡 치며 말했다.

"이 근처 우물 뚜껑에 달린 고리를 찾으라는 건가?"

이번에는 델피니오스가 자기 생각을 밝혔다.

"그럼 완전 쉽지. 하지만 한 가지 문제가 있어. 판테온 안은 물론이고, 아까 여기로 올 때 이 근처에서 우물 같은 건 본 적이 없어. 너희들은 혹시 봤니?"

다들 고개를 흔들었다. 잠시 후 테티스의 얼굴이 갑자기 환해졌다.

"얘들아, 나 우물에 대해 생각나는 게 있어."

포세이돈의 눈이 반짝했다.

"뭔데?"

"여기 천장에 파여 있는 사각형 무늬 보이지? 저런 걸 정간이라고 하는데, '정'이 바로 '우물'이라는 뜻이래."

테티스가 열심히 설명하며 천장을 바라보았다.

"저 정간이 둥근 돔을 따라 켜켜이 둘려 있는 모습이 꼭 커다

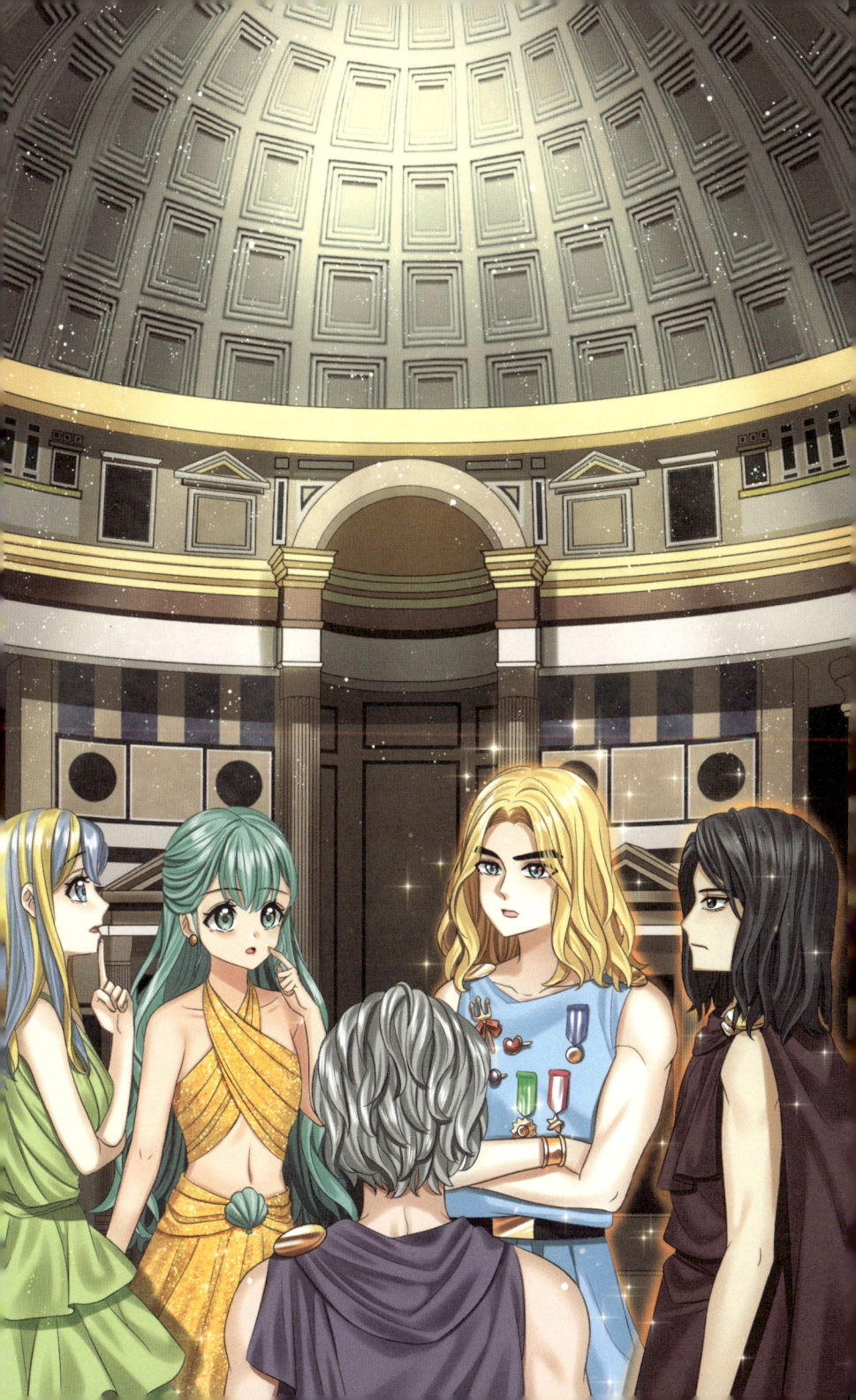

란……."

"고리 같지?"

함께 판테온의 천장을 바라보고 있던 판도라가 테티스 대신 말을 맺었다.

"다들 고개 내려."

포세이돈이 팀 동료들에게 을러댔다.

"답을 확실히 알아내기 전에 다른 팀한테 실마리를 던져 줄 필요는 없잖아."

포세이돈은 머리를 움직이지 않고 눈길만 위로 든 채 숫자를 세었다.

"사각형 우물 같은 게 든 고리가 모두 다섯 줄이야. 너희들도 줄마다 사각형 우물이 몇 개씩 있는지 세어 줘. 그래도 티는 내지 마."

테티스가 얼른 대답했다.

"한 줄만 세면 돼. 한 줄에 들어 있는 우물 숫자는 다 똑같아. 위아래로 쭉 같은 줄을 이루고 있는 거 보이지?"

델피니오스가 고개를 살짝 들더니 말했다.

"테티스 말이 맞아. 돔 지붕이 위로 가면서 둥글어지면 크기가 작아질 뿐 각 줄에 들어 있는 우물 숫자는 같아."

"어어! 지금은 쳐다보지 말라고 했잖아?"

판도라가 델피니오스에게 핀잔을 주더니 눈을 동그랗게 뜨며 말했다.

"저쪽에 천장을 올려다보고 있는 팀, 아테나 팀이지? 저 아이들도 수수께끼를 풀었나 봐? 그럼 우린 더 서둘러야 할 것 같은데?"

하데스가 대답했다.

"맨 아래쪽 줄을 세어 보니까 우물 장식이 스물여덟 개 들었어. 교장 선생님 수수께끼에 나온 대로야."

"28 곱하기 5는……."

테티스가 속셈을 하는 사이, 포세이돈이 먼저 대답했다.

"140."

델피니오스가 포세이돈의 등을 철썩 쳤다.

"하여간 이 녀석 수학을 잘한다니까. 자, 그럼 건물 높이와 돔의 너비는 어떻게 알아내지?"

소속 팀 네 명이 모두 테티스를 말똥말똥 쳐다보았다.

"음, 책에서 보긴 봤는데 숫자는 기억이 안 나. 하지만 포세이돈한테 알려 줬던 것처럼 건물 높이와 돔의 너비가 똑같다는 건 확실해."

포세이돈의 팀이 열심히 이야기를 나누는 사이, 어떤 팀은 판테온의 벽장에서 밧줄을 찾아내어 밖으로 나갔다. 그 모습을 보더니 하데스가 말했다.

"날개 샌들을 쓸 수 없으니 밧줄을 이용해서 벽을 타고 오르려나 봐. 그런 다음 오쿨루스로 밧줄을 내려서 바닥까지의 거리를 재려는 거겠지. 한참 걸리겠네."

"그럼 우린 바닥의 너비를 잴까?"

판도라가 질문처럼 아이디어를 내자, 델피니오스가 고개를 끄덕였다.

"그거 좋겠다! 훨씬 수월하잖아. 높이와 너비가 같다는 정보는 우리만 알고 있어서 다행이야."

델피니오스, 판도라, 하데스는 바다 너비를 재기 위해 한 걸음씩 발을 앞뒤로 붙여가며 걷기 시작했다. 셋이 얼마 멀리 가지 않았을 때 포세이돈과 테티스가 동시에 외쳤다.

"잠깐만!"

테티스와 포세이돈을 반짝이는 눈으로 서로를 바라보았다. 두 사람이 동시에 같은 사실을 깨달았다는 걸 새삼 확인할 수 있었다.

포세이돈이 낮은 목소리로 먼저 말을 꺼냈다.

"높이든 너비든 어느 것도 잴 필요 없어."

테티스가 고개를 끄덕이며 설명을 덧붙였다.

"두 숫자가 똑같잖아. 높이가 얼마든 너비가 얼마든 수수께끼에서 하라는 대로 하나에서 하나를 빼면 결국 '0'이 돼. 그렇다면 중요한 건 사각형 우물 장식의 숫자뿐이야. 그러니까 이번 과제의 답은……."

테티스가 포세이돈에게 눈길을 돌리더니 '주장인 네가 말해.'라는 듯이 기다려 주었다. 포세이돈은 확신에 차서 소리쳤다.

"140!"

파마가 포세이돈의 답을 듣더니 안두루이드에 숫자를 써서 제우스에게 보냈다.

곧바로 모든 아이의 두루마리가 디리링! 디리링! 하고 울리기 시작했다. 안두루이드를 펼치자 아래와 같이 제우스의 편지가 도착해 있었다.

축하한다!
포세이돈 팀이 첫 번째 과제의 승자가 되었구나.
28(한 줄당 정간의 개수) × 5 = 140
140 + (높이 43미터 - 너비 43미터) = 140

다음 목적지는 스웨덴의 웁살라 신전이다.

거기서 두 번째 과제가 주어질 것이다.

행운을 빈다!

너희들은……

갑자기 제우스의 메시지가 깨지기 시작했다. 포세이돈의 두루마리 맨 아래쪽에 웁살라의 지도가 나타났지만, 선과 지명이 흐릿했다. 포세이돈이 주위를 둘러보니 다른 아이들도 같은 문제를 겪고 있는 듯했다. 다행히 지도가 완전히 사라지기 전에 주장들은 다음 신전으로 가는 경로를 아슬아슬하게 확인할 수 있었다.

"교장 선생님이 빨리 오류를 해결해 주시면 좋겠는데."

메두사의 말에 머리의 뱀들도 동의한다는 듯이 고개를 끄덕였다.

아르테미스 팀이 엉뚱한 곳으로 가면서 탈락했기 때문에 나머지 팀은 모두 다음 경기에 출전권을 얻었다. 판테온에 있는 팀들은 모두 포세이돈에게 다가가서 첫 번째 승리를 축하해 주었다. 포세이돈은 이루 말할 수 없이 기뻤다! 밖에서 신전 높이를 재고 있던 아이들도 소식을 듣고 돌아와서 엄지를 척 들어 보이고 어깨를 두드려 주었다.

잠시 후 포세이돈이 동료들에게 말했다.

"이제 출발하자. 혹시라도……."

포세이돈은 하려던 말을 맺지 못했다. 갑자기 판테온이 흔들리기 시작했기 때문이었다.

테티스가 당황한 목소리로 외쳤다.

"또 그러네! 델피 때와 똑같아!"

"이번에는 진짜 지진인가?"

판도라가 눈을 동그랗게 뜨고 물었다. 아테나가 천장을 올려다보며 대답했다.

"아니야. 땅은 가만히 있고 천장만 흔들리고 있어."

이리스가 주위를 살피며 말했다.

"위에서 거대한 발이 쿵쿵대며 돌아다니는 것 같아."

갑자기 진동이 멈췄다.

"파, 피, 포, 퐁! 올림포스의 신들이여, 두려워하라! 우리가 납신다!"

갑자기 낮은 목소리의 외침이 합창처럼 위에서부터 울려 퍼졌다.

포세이돈을 비롯한 모든 아이들이 위를 향해 고개를 든 순간, 오쿨루스에 커다란 눈동자가 나타나 아이들을 내려다보았다.

테티스가 기겁하며 중얼거렸다.

"서, 설마…… 거인이 나타난 거야?"

7 커다란 골칫덩이
암피트리테의 이야기

 암피트리테는 놀라서 뒤로 주춤 물러났다. 곧이어 거인들이 오쿨루스를 통해 판테온 안으로 뛰어들기 시작했다. 모두 다섯이었다.
 쿵! 쾅! 쿵! 쾅! 탕!
 거인이 대리석 바닥에 내려설 때마다 땅이 흔들렸다. 중심을 잃은 아이들이 휘청거리다가 서로에게 부딪히고, 넘어지고, 법석이 일어났다!
 "괜찮아?"
 누군가 암피트리테에게 말을 걸었다. 머리칼을 쓸어넘기며 위를 바라보니 포세이돈이 손을 내밀고 있었다. 암피트리테의 다리가 점점 튼튼해지고 있긴 했지만, 흔들리는 바닥을 버텨내기는 힘들었다. 암피트리테는 고개를 끄덕이고서 포세이돈을 손을 잡고 일어섰다.

"우린 포위됐어."

메두사 팀의 중국 여신이 파르르 떨며 말했다. 암피트리테는 동생들이 불안해할 때면 그랬듯이 손을 뻗어 중국 여신을 안아주었다. 상대 팀을 위로했다고 포세이돈이 언짢아하지 않기만 바랄 뿐이었다.

'지금은 더 강력한 적을 상대할 때인걸. 바로 저 거인 무리 말이야!'

거인들은 덩치가 떡갈나무처럼 크고 단단하며, 행동이 우악스러웠다. 그리고 지금 막 땅에서 기어 나오기라도 한 듯 맨발에 흙이 잔뜩 묻어 있었다. 대머리에 코가 길고, 손에 털이 북슬북슬하다는 점도 눈에 띄었지만, 무엇보다 정수리에서 수증기가 아지랑이처럼 솟아오르는 게 특이했다. 가는 머리카락이 끊임없이 나부끼는 것처럼 보였다. 수증기의 색깔도 거인마다 연녹색, 주황색, 보라색, 노란색, 진분홍색 등으로 다 달랐다.

거인들은 출입구를 막은 채 조금씩 다가서며 아이들을 신전 한가운데로 몰았다. 판테온 밖으로 달아날 방법이 없었다!

아테나가 초록색 수증기를 뿜는 거인을 가리키며 소리쳤다.

"당신이 옴파로스를 훔쳤군요!"

암피트리테는 얼른 그쪽으로 눈길을 돌렸다. 아테나의 말대로 델피 신전에 있던 달걀 모양 돌이 거인의 머리에 왕관처럼 놓여 있었다. 거인의 머리에서 솟아오른 수증기가 옴파로스 속을 지나 꼭대기에서 솔솔 뿜어져 나왔다.

초록색 수증기 거인이 씩 웃더니 커다란 주먹으로 가슴을 쾅쾅 치며 말했다.

"나 왕자 포르피리온. 이 달걀 내 거다. 나 이제 미래 안다. 올림포스 신 미래 안 좋다. 거인 미래 좋다. 헤헤헤헤."

"저게 뭔 소리래?"

메두사가 뾰족하게 대꾸했다. 머리 위의 뱀들이 거인을 향해 쉿쉿거리며 매섭게 달려들었지만, 물론 아무런 소용이 없었다.

판도라가 암피트리테에게 나직이 속삭였다.

"거인이 저 돌을 이용해서 정말로 미래를 볼 수 있을까?"

암피트리테도 소리 죽여 대답했다.

"아니길 바라야지. 아마 예언자만 할 수 있을 거야. 혹은 예언자도 저걸 가지고 있을 때만 가능하거나."

그때 아테나가 힘 있는 목소리로 또박또박 말했다.

"옴파로스를 돌려주면 제우스 님께 벌을 감해 달라고 말씀드릴게요."

보라색 수증기 거인이 고개를 흔들더니, 우두머리인 듯한 초록색 수증기 거인을 가리켰다.

"안 돼. 포피 왕관 좋아한다."

"그래."

노란색 수증기 거인이 거들었다.

"포피 왕 될 거다. 엄마가 그렇다고 했다."

그 말에 아레스가 풋핫 하고 웃음을 터뜨렸다.

"왕? 무슨 왕? 유치원에서 왕 노릇이라도 하게?"

거인들이 아이들 쪽으로 위협하듯 한 걸음 다가왔다. 아이들은 더 바싹 모여 설 수밖에 없었다. 오쿨루스를 통해 들어온 햇살이 옴파로스에 닿은 순간, 암피트리테는 어둑어둑한 델피 신전에서는 미처 보지 못했던 것을 발견했다. 옴파로스의 겉을 뒤덮고 있는 선이 열십자로 만나는 곳마다 일정한 간격을 두고, 은은하게 빛이 나는 돌기가 튀어나와 있다는 것 말이다.

거인이 머리를 돌린 순간, 햇살이 그 돌기를 비추었다. 암피트리테는 인상을 쓰며 더 잘 보려고 애를 썼다.

'설마…… 저 오돌토돌 튀어나와 있는 게 진주인가? 그럼 저

그물처럼 보이는 선은 전설에 나오는 진주 목걸이를 상징하는 걸지도 몰라!'

순간 암피트리테의 가슴에 희망이 솟아올랐다. 델피 신전에서 찾은 진주는 지금도 자신의 호주머니에 들어 있었다.

'혹시 거인이 옴파로스를 움켜쥐었을 때 떨어져 나왔던 걸까? 아이참, 저 거칠어 보이는 거인의 공격을 피해서 옴파로스를 좀 더 자세히 살펴볼 방법이 없을까?'

"뭐라고?"

포르피리온이 화를 펄펄 냈다.

"우리 유치원생 아니다. 학교 바보들아. 나 세상의 왕······."

갑자기 어디선가 새로운 목소리가 포르피리온의 말을 끊고 노랫가락처럼 울려 퍼졌다. 분명 여자 목소리였는데 모습은 보이지 않았다.

"제우스는 옴파로스가 우리 손에 있다는 걸 알고 있다아아아아아. 내 계획이 착착 진행되는 걸 속수무책으로 지켜보게 될 거야아아아아아아."

"뭐라고요? 미, 믿을 수 없어요."

아테나의 목소리에 근심이 묻어났다.

"당신은 누구죠? 어디에 있는 거예요?"

아이들 틈 어딘가에 서 있던 이리스가 대신 대답했다.

"저 목소리 낯이 익어. 저건 가이아의 목소리야!"

하데스가 고개를 끄덕였다.

"그래. 내 생각엔 목소리가 옴파로스에서 나오는 것 같아. 저 안에 들어갈 수 있을 만큼 작게 변신했나 봐."

곧이어 가이아의 목소리가 너무 나직해져서 아이들은 더 이상 들을 수가 없었다. 포르피리온이 고개를 갸웃하며 귀를 기울이더니 대답했다.

"알았어, 엄마."

동시에 포르피리온이 파마를 향해 털이 덥수룩한 손을 뻗더니 양방향 통신이 가능한 안두루이드를 빼앗았다.

"이봐요! 난 그게 있어야 해요!"

거인들은 파마를 완전히 무시한 채 두루마리를 위아래로 살피고 흔들어대며 작동법을 알아내려 했다.

포세이돈이 주변 아이들에게 나직이 말했다.

"우리 중 한 명이 올림포스 학교로 가서 교장 선생님께 사태를 알려야 해."

"내가 할게."

말을 마친 이리스가 곧바로 마법 공을 하늘 높이 던졌다. 마법 공의 궤적을 따라 브리리링! 하는 소리와 함께 아름다운 무지개가 오쿨루스 쪽으로 나타나기 시작했다. 그러자 주황색 수증기 거인이 두툼한 손을 뻗더니 마법 공을 잡아서 파지직! 하고 부숴 버렸다.

"이런, 교장 선생님한테 소식을 전하긴 글렀네."

이리스의 어깨가 축 처졌다.

통!

포르피리온이 안두루이드 사용을 포기하고는 옴파로스의 구멍 안으로 떨어뜨렸다.

"왜 우리를 괴롭히는 거예요?"

판도라가 가이아를 향해 버럭 소리를 질렀다.

"우리가 뭘 어쨌다고 이러는 거냐고요?"

잠시 후 형체 없는, 아니 달걀 모양 몸을 입은 가이아의 목소리가 대답했다.

"제우스가 내 아들 티폰을 가둔 데 대해 나름 깊이 생각해 보았지. 너희 올림포스 신이 내 아들 일에 훼방을 놓는다면 우리도 너희들 게임을 훼방 놓아야겠다 싶더라고."

그 말에 놀란 아이들 사이에서 불안한 웅성거림이 일어났다. 가이아는 보란 듯이 말을 이었다.

"이 귀엽고 재미난 신문물로 지금 막 제우스한테 메시지를 보냈단다. 오, 벌써 답이 왔군. 여기 있는 내 아들 다섯이 템플 게임에 새로운 팀으로 참가하는 데 동의한다고 말이야."

"말도 안 돼!"

에로스가 발끈했다.

"거짓말이야!"

누군가 소리치자 아레스가 공격 자세를 취하며 나섰다.

"이건 '우리' 게임이야. 애들아, 당장 이 자들과 한판 붙자!"

가이아는 섬뜩할 만큼 차분한 목소리로 대답했다.

"그다지 현명한 행동은 아닐 텐데. 난 아들이 백 명이나 되거든. 여기 있는 다섯 아들을 템플 게임에 참가하지 못하게 하면 나머지 아이들도 다 몰려올 거야. 이 세상에 티폰 백 명이 풀려나면 어떨지 생각해 보렴."

아이들 사이에 싸늘한 침묵이 흘렀다.

암피트리테는 같은 팀 아이들의 얼굴을 살펴보고서 걱정스럽게 물었다.

"혹시 예언자가 말했던 전사 백 명을 말하는 걸까?"

포세이돈이 대답 대신 음울한 표정으로 암피트리테를 바라보았다. 암피트리테는 속으로 서글프게 중얼거렸다.

'가이아가 저렇게 자신만만하게 나오는 이유가 있구나. 전쟁의 신인 아레스조차 거인 전사 백 명을 상대할 순 없나 봐!'
"아, 이제 현실 파악이 되는가 보군, 그래."
가이아가 고소해하며 말을 이었다.
"내가 바라는 건 딱 하나뿐이야. 내 아들들도 너희랑 같은 희망을 품게 해 달라는 거지. 저 애들을 모시는 신전을 얻는 것 말이야. 그게 그렇게 나쁜 일인가?"
"난 저 말 안 믿어."
암피트리테가 나직이 속삭이자 포세이돈이 맞장구를 쳤다.
"나도 안 믿어."
갑자기 안두루이드가 파마를 향해 휭 날아왔다. 파마는 얼른 안두루이드를 잡아서 최근 메시지를 확인했다.
"사실이야. 거인의 참석을 교장 선생님이 동의하셨어."
"좋아. 그럼 그 문제는 해결되었군."
가이아가 키득거리며 말을 이었다.
"자, 이제 템플 게임을 계속하자꾸나. 곧 제우스가 내게도 양방향 소통 두루마리를 제공할 거야. 그나저나 게임 규칙에 따르면 이제부터는 여섯 팀이 경쟁하기로 되어 있잖아? 안타깝지만 한 팀이 탈락해야겠어. 바로 이리스 팀이지."

"뭐라고요? 그건 불공평해요!"

제피로스가 화를 냈다. 다른 아이들도 어처구니없는 상황에 대해 투덜거렸다.

"너어무 공평하거든."

포르피리온이 팔짱을 턱 끼며 말했다. 포르피리온의 팔은 올림포스 학교의 기둥만큼 두껍고 강해 보였다.

"이리스 우리 형 티폰한테 못되게 했다. 이리스 탈락, 거인 참석. 아니면…… 거래 끝. 그렇지, 엄마?"

가이아가 달콤한 목소리로 대답했다.

"그러엄. 게다가 조금 전에 네가 템플 게임에서 빠져나가려는 걸 우리 모두 들었는걸? 그러니 자동 탈락이지. 규칙은 규칙이잖니?"

이리스는 얼굴을 잔뜩 구긴 채 마지못해 고개를 끄덕였다. 그러고는 주변 아이들에게 들릴 듯 말 듯한 목소리로 말했다.

"아르테미스 언니 팀을 찾아낼게요. 그리고 앞으로 여러분이 어디를 가든지 멀지 않은 곳에서 따라다니며 혹시 도울 일이 있을지 기회를 살필게요."

이어 이리스는 하늘에 새로운 무지개를 띄웠다.

브리링!

거인의 훼방을 받지 않자, 오쿨루스에서부터 머나먼 곳까지 둥글고 기다란 무지개가 걸렸다. 남은 다섯 팀은 하는 수 없이 이리스, 아글레이아, 헤파이스토스, 제피로스, 보레이스가 무지개를 타고 떠나는 모습을 지켜보았다.

"제우스도 나도 게임이 진행되는 동안 거리를 두고 지켜보기로 약속했으니 이제 그만 가야겠군. 내 착한 아들들아, 행운을 빌어 주마. 자, 그럼 다시 게임 시작!"

가이아의 즐거운 목소리가 울려 퍼지더니, 포르피리온의 머리 위 오쿨루스에서 흙과 넝쿨이 뒤엉킨 둥근 덩어리가 솟아올랐다.

"네 맘대로 하세요."

하데스가 차갑게 한마디를 던졌다.

'아, 내가 무슨 일에 말려든 거지?'

암피트리테는 당혹스러웠다.

'어제까지만 해도 고향 에게해에서 좀 지루하긴 해도 안전한 삶을 살았는데. 이제는 거인 팀을 상대로 위험천만한 게임을 해야 하다니!'

"우리가 먼저 스웨덴의 웁살라 신전으로 가자!"

포세이돈이 소리치자 메두사도 거들었다.

"참견쟁이 거인들이 우리보다 먼저 도착하게 둘 순 없지."
아테나도 나섰다.

"좋았어!"

아레스는 허공으로 주먹을 내지르고 헤라클레스는 몽둥이를 어깨에 휙 둘러멨다.

"자, 해 보자고!"

암피트리테는 주변 아이들의 각오에 함께 마음이 부풀어서 큰 소리로 외쳤다.

"가자!"

암피트리테는 팀 아이들과 힘을 합쳐 골칫덩이 거인들과 싸우기로 마음먹었다.

'절대 거인들이 템플 게임에서 우승하게 두지 않을 거야!'

사기가 충만해진 스물다섯 명의 아이들은 거인 무리의 다리 사이를 지나 판테온 출입구로 달려갔다. 그런데 거인들이 세 걸음 만에 먼저 도착해서 앞을 가로막더니 문을 쾅 닫았다. 아이들은 판테온 안에 갇히고 말았다.

"생각보다 엄청 빠른걸!"

놀란 아폴론이 외치자, 메두사가 갑자기 모두에게 조용히 하라는 신호를 보냈다.

"들어 봐! 저 끔찍한 소리는 뭐지?"

모두들 일시에 조용해졌다. 바깥에서 콰르릉! 하는 굉음이 들려왔다.

"뭔가 부서지는 소리 같아."

파마의 말이 떨어지기가 무섭게 포세이돈이 오쿨루스를 가리켰다.

"위로 빠져나가자!"

포세이돈은 암피트리테의 손을 잡고 오쿨루스를 향해 쏜살같이 날아올랐다. 이제 과제를 해결했으니 날개 샌들도 다시 사용할 수 있었다.

누가 누구 팀인가를 가릴 것 없이 신들이 인간 참가자의 손을 잡고 판테온의 지붕을 향해 날아올랐다. 아테나는 헤라클레스의 손을 잡고, 디오니소스는 메두사의 손을 얼른 붙들었다. 지금은 서로 편을 가르고 선을 그을 때가 아니었다. 올림포스 학교 측 참가자들은 거인 팀에 맞서 단단한 하나의 연합 팀처럼 움직였다.

지붕 밖으로 나갔더니 눈앞에 섬뜩한 광경이 펼쳐졌다. 아이들이 타고 온 수레와 전차가 산산조각이 난 채 거리를 뒹굴고 있었다.

"거인들이 우리 이동 수단을 짓밟아 놓았어."

하데스가 침울한 얼굴로 중얼거리자, 아테나가 단호하게 외쳤다.

"좋게 생각하자. 이동 수단 없이 우리 힘으로도 갈 수 있어. 모두 출발!"

아테나의 신호에 따라 모두 스웨덴이 있는 북쪽을 향해 하늘을 달리기 시작했다.

거인으로부터 안전할 만큼 멀어지자 포세이돈이 암피트리테를 바라보며 물었다.

"웁살라에 대해 아는 거 있어?"

"아쉽지만 없어. 우리 학교 도서관에 있는 두루마리에선 그곳에 관한 내용을 본 적이 없거든."

저만치 아래 거인의 모습이 희미하게 보였다. 거인들은 커다란 발로 거침없이 숲을 밟아 쓰러뜨리고, 호수와 바다를 첨벙첨벙하며 달리고 있었다.

"괜찮아."

포세이돈이 다시 말을 걸었다.

"우린 거인을 이길 수 있어. 파, 피, 포, 품. 우리 똑똑하다. 저 녀석들 둔하다. 맞지?"

암피트리테는 갑자기 웃음이 까르르 터져 나왔다.

"포세이돈, 넌 어떻게 그렇게 침착하니? 올림포스 신들은 이런 일을 일상적으로 겪는 거야? 맨날 난데없이 공격받고 그러는 거니?"

포세이돈은 어깨를 들썩여 보이고서 씩 웃었다.

"뭐 그런 셈인데, 그중에서도 유난히 말썽이 많은 날이 있긴 해. 그런데 너도 꽤 잘 적응하는 편인걸?"

"음, 내 기대와 좀 다르긴 하지만 그래도……."

아래쪽에서 갑자기 고함이 들렸다. 암피트리테는 말을 멈추고 그쪽으로 눈길을 내렸다.

도시와 농촌에서 사람들이 모여서 함성을 지르고 있었다. 사람들은 거인의 접근을 계속 살피면서도 응원 문구가 쓰인 팻말을 하늘을 향해 열심히 흔들었다. '불멸의 존재 최고!', '거인쯤은 한 방에!' 같은 문구가 보였다.

암피트리테는 뭔가를 잠시 생각하더니 입을 열었다.

"모두 우리를 응원하고 있잖아. 무슨 일이 벌어졌는지 소식이 정말 빨리 퍼졌나 봐."

암피트리테가 옆을 보니, 파마가 주황색 날개를 부지런히 파닥여 날면서도 양방향 소통 안두루이드에 뭔가를 열심히 쓰고 있었다.

포세이돈도 땅에서 펼쳐지는 광경을 내려다보더니 알겠다는 듯이 고개를 끄덕였다.

"헤르메스 님이 안두루이드를 전 세계에 배달했거든. 파마는 소식을 전하는 일만큼은 최고니까 모두들 무슨 일이 벌어졌는지 다 알고 있을 거야. 그렇다면 거인이 이길 경우, 어떤 위험이 닥칠지 역시 알고 있겠지."

"사람들이 너를, 나아가 모든 불멸의 존재를 얼마나 의지하고 있는지 생각해 보지 않았는데 이제 분명히 알겠어."

포세이돈은 고개를 천천히 주억거렸다.

"거인이 신전을 얻으면 조각상을 세우고서 사람들에게 강제로 절을 하라고 시킬 거야. 그러니까 반드시 막아야 해."

암피트리테는 머뭇머뭇 되물었다.

"만약…… 만약 우리가 지면? 한번 승리를 맛본 거인들이 점점 대담해져서 전 세계의 모든 생명체를 짓밟겠다고 나서면 어떻게 해? 그러면 바닷속에 사는 우리 가족도 거인의 공격을 피할 수 없을 거야."

"워워! 두려워하지 마. 지금은 어쩔 수 없이 우리도 저 멍청한 거인 녀석들 장단에 맞춰 주고 있지만, 막판에는 녀석들이 된통 혼쭐나게 될 테니까. '싸움 잘하는 놈 매 맞아 죽는다'라는 속담 알지?"

"너 지금 날 기운 차리게 해 주려고 그런 소리 하는 거야?"

암피트리테가 포세이돈을 짐짓 흘겨보자 포세이돈이 싱글거리며 대답했다.

"어때? 효과가 있어?"

아직 어린 학생들에 불과했지만, 포세이돈은 올림포스 팀이 무시무시한 거인을 반드시 이길 거라고 확신하고 있었다. 그리고 그 믿음에 암피트리테도 새삼 용기가 솟았다. 암피트리테는 밝게 웃으며 대답했다.

"응!"

오후 4시 무렵, 올림포스 아이들은 스웨덴에 도착했다. 푸른 들판에 양 떼가 점점이 흩어진 풍경이 그림 같았다. 아이들은 곧 웁살라 신전에 도착했다. 웁살라 신전은 그리스 신전과 달리 뾰족한 첨탑이 높게 솟은 아름다운 성이었다.

"어머, 예쁘다!"

암피트리테가 눈을 반짝이며 외쳤다.

"어, 그런데 저기 첨탑에 감아둔 반짝이는 띠는 뭐지?"

웁살라 신전과 거리가 더 가까워지자 포세이돈이 대답했다.

"어쩐지 사슬 같아 보이는데."

포세이돈의 짐작이 옳았다. 건물 양쪽에 솟은 첨탑을 가로질러 거대한 황금 사슬이 감겨 있었다. 도대체 어떤 용도인 걸까?

잠시 후 올림포스 팀은 차례차례 신전 앞에 내려섰다. 다행히 거인들의 달리기 속도가 날개 샌들만큼 빠르지 않아서 아직 모습이 보이지는 않았다. 하지만 가이아의 아들들이 곧 나타나리라는 사실은 너무나 명확했다.

그때 가까운 나무에서 끼이익 하는 소리가 났다. 암피트리테는 호기심이 돋아서 그쪽으로 다가가 보았다.

나무에서 뻗어 나온 기다란 덩굴이 땅을 뒤덮고 있었다. 그리고 그보다 더 암피트리테의 눈길을 끄는 것이 있었다. 놀란 암피트리테는 나무 위쪽을 가리키며 소리쳤다.

"헉, 저게 뭐야?"

크기가 거의 암피트리테만 한 마리오네트 인형 아홉 개가 나뭇가지의 조종 실에 묶인 채 주렁주렁 달려 있었다. 마리오네

트는 나무를 깎아 만든 몸체에 그림으로 얼굴을 그려 넣고 머리카락과 옷까지 갖추고 있었다. 바람이 불 때마다 나무로 된 팔다리가 흔들리며 끼익 끼익 소리를 냈다.

판도라가 나무를 올려다보며 중얼거렸다.

"저 인형은 어디서 난 걸까? 나무치곤 정말 이상한걸?"

갑자기 걸걸한 목소리가 대답했다.

"우리는 구 년마다 한 번씩 열리는 위대한 축제 기간 동안 나무에 매달려 있어."

목소리의 주인공은 바로 마리오네트 인형이었다!

"이 나무는 가지가 빽빽이 우거진 데다, 한겨울에도 한여름처럼 푸르른 특별한 나무야. 하지만 어떤 종류인지는 아무도 모르지."

두 번째 마리오네트 인형이 말했다. 그런데 첫 번째 인형도, 두 번째 인형도 말을 마치자마자 신기하게도 휙 휙 사라져서 이제는 일곱 인형만이 남아 있었다.

"너희들은 모두 말을 할 줄 아니?"

판도라가 묻자 세 번째 인형이 "응." 하고 대답하더니 사라져 버렸다. 그러자 짜증이 치민 포세이돈이 판도라에게 핀잔을 주었다.

"그런 쓸모없는 정보는 왜 물어보니? 쟤들이 말을 할 수 있다는 건 너무나 명확해. 게다가 한 가지 질문에만 대답하고 사라져 버리잖아. 그러니 이번 과제를 이기기 위해 무엇을 알아야 할지 생각하고 그것만 물어봐야 해."

판도라는 당황하고 창피한 듯했지만, 말없이 고개를 끄덕였다. 암피트리테는 그런 판도라를 보며 마음이 아팠다. 그런데 포세이돈은 지금 자신이 판도라의 마음에 상처를 주었다는 걸 전혀 모르는 눈치였다.

"혹시 이번 과제가 뭔지 알고 있니?"

잠자코 있던 아테나가 물었다. 그런데 안타깝게도 질문을 던지자마자 거인들이 도착했다. 계속 달려오느라 숨을 헉헉대긴 했지만 듣는 데는 아무 문제가 없으니 그들도 마리오네트의 대답을 들었다.

"'룬'이라 부르는, 고대로부터 전해지는 작은 돌을 집어야 해. 룬은 신전 지붕 한가운데에 놓여 있어. 하지만 지붕을 건드리지 않고 룬을 집어야 해."

과제를 전한 마리오네트가 휙 하고 사라졌다. 이제 남은 인형은 모두 다섯 개였다.

아레스와 아폴론을 비롯한 몇몇 아이들이 곧바로 신전 벽을 기어오르기 시작했다. 하지만 거인이 훨씬 빨랐다. 거인은 어느새 신전 지붕에 걸려 있는 황금 사슬을 붙잡고 뛰어넘을 채비를 했다.

"지붕을 건드리면 무슨 일이 생기는 거지?"

판도라가 불쑥 말을 꺼냈다. 대번에 포세이돈의 표정이 구겨지는 걸 본 암피트리테가 얼른 나섰다.

"좋은 질문이야. 나도 궁금했어."

지붕을 향해 오르던 거인과 올림포스 쪽 아이들도 동작을 멈추고서 인형을 바라보았다. 답이 궁금한 모양이었다.

"지붕을 건드린 자는 도롱뇽으로 변할 거야."

대답을 마친 마리오네트도 곧 사라졌다. 이제 넷뿐이었다.

거인들이 머뭇머뭇 신전에서 물러났다. 올림포스 아이들도 마찬가지였다. 한 명이라도 도롱뇽으로 변하면 그 팀은 즉시 탈락이었다. 게다가 그렇게 되면, 자신의 원래 모습으로 되돌아오지 못할 수도 있었다!

"어쩌지?"

에리스가 말을 꺼냈다가 마리오네트 인형이 대답하려고 턱을 움직이는 걸 보고 얼른 소리쳤다.

"아냐! 너한테 물어본 거 아냐. 다른 팀한테 물어본 거야."

이미 때는 늦었다.

"이제 너희들은 과제를 완수할 방법을 찾아야 해."

대답한 인형이 인형 셋을 남겨 놓고 휙 사라졌다.

"헐! 누가 그걸 모르는 줄 아나?"

머리에서 주황색 수증기가 솟는 거인이 투덜거렸다.

"응."

휙! 이제 남은 인형은 오직 둘뿐이었다. 포르피리온 일당이 주황색 수증기 거인에게 달려들더니 쓸데없이 질문을 낭비했다며 주먹세례를 퍼부었다.

"잠깐만! 이렇게 하자!"

아폴론이 다른 아이들에게 말했다.

"이제부터는 우리끼리 먼저 의논을 한 다음에 공식적으로 물어보도록 하자."

올림포스 팀은 모두 동의하고서 무엇을 물을지 여러 가지 의견을 나누었다.

"얘들아, 아예 마리오네트한테 어떻게 하면 과제를 완수할 수 있을지 물어보면 어떨까?"

암피트리테가 의견을 내자, 포세이돈이 고개를 끄덕였다.

"좋은 생각이야."

나머지 아이들도 동의한다는 뜻을 보이자, 암피트리테는 마리오네트 인형 앞으로 가서 질문을 던졌다. 안타깝지만 거인 팀이 답을 듣지 못하게 막을 방법은 없었다. 그런데 알고 보니 걱정할 문제가 아니었다.

"그 질문은 대답할 수 없어."

남은 두 인형 중 하나가 대답했다.

"너희들 스스로 알아내야 해."

질문에 답을 하지 않았기 때문에 다행히 인형이 사라지지 않았다.

"나한테 생각이 있긴 한데……."

암피트리테는 살며시 고갯짓해서 귀를 쫑긋 세우고 있는 거인 팀을 가리켰다. 거인들이 듣지 못하게 막아야 한다는 뜻이었다. 눈치 빠른 파마가 곧바로 행동에 나섰다.

"거기, 거인 팀! 세상 사람들이 너희에 대해서 궁금해할 것 같아. 이리 와서 나랑 인터뷰하지 않을래? 기사가 나가면 너희들은 아주 유명해질 거야!"

파마는 일부러 올림포스 팀한테서 멀찍이 떨어진 곳에 서서 말을 걸었다. 거인들은 대번에 얼굴이 환해져서 파마 곁으로 우르르 몰려들었다.

파마가 시간을 끄는 사이, 암피트리테는 아이들을 가까이 모으고서 소곤소곤 계획을 전하기 시작했다.

"이 계획을 실행하려면 나무 타기, 활쏘기, 줄타기를 할 수 있어야 해. 난 그중 어느 것도 못하거든. 부디 우리 중에 누구라도 할 수 있어야 할 텐데."

암피트리테가 걱정하자 포세이돈이 격려했다.

"괜찮을 거야. 계속 말해 봐."

암피트리테가 설명을 마치자마자, 열심히 귀 기울이던 아이들이 사방으로 흩어졌다. 먼저 포세이돈이 나무에 기어오르더니 마리오네트 인형에 뭔가를 속삭였다. 거인들이 그 모습을 보더니 무슨 일인가 싶어 파마 곁에서 물러나 나무가 있는 쪽으로 다가왔다.

"쉰 걸음."

마리오네트 인형이 포세이돈의 질문에 큰 소리로 대답하더니 휙 사라졌다. 이제 마지막 마리오네트 하나만 남았다.

"야!"

포르피리온이 화를 버럭 냈다. 머리에 얹고 있는 옴파로스에서 초록색 수증기가 푹푹 솟아올랐다.

"불공평하다. 우리 질문 못 들었다."

이집트 여신 이시스가 얼른 나섰다.

"포세이돈은 나무가 잘 자라게 하려면 어떤 거름을 줘야 하는지 물어본 거야."

"아."

포르피리온이 쉽게 넘어가는 듯하다가 뭔가 미심쩍었는지 인상을 찌푸렸다. 그런 포르피리온을 보며 암피트리테는 바짝 긴장했다.

'눈치를 채면 안 되는데.'

지금 올림포스 측 다섯 팀은 모두 암피트리테의 작전을 수행 중이었다. 이시스의 거짓말도 계획에 들어 있었다. 아이들은 나무 덩굴을 끌어 내리고 묶어서 밧줄을 만들었다. 보통 걸음 걸이로 재었을 때 쉰 걸음을 훨씬 넘는 기다란 밧줄을!

거인들은 혼란스러운 듯 멀거니 바라보고만 있었다. 메두사가 짐짓 너스레를 떨었다.

"이번 과제는 시간이 꽤 걸릴 듯해. 여기서 한뎃잠을 자야 할 수도 있으니까 덩굴을 꼬아서 해먹을 만드는 중이야."

거인들은 메두사의 꾀에 넘어가는 듯했다.

다음으로 아레스와 아테나의 팀이 혹시 룬에 다가갈 방법이 있는지 알아보러 신전 반대편으로 가 보겠다고 나섰다. 대번에 거인 팀이 자기네도 따라가겠다고 고집을 피웠다. 암피트리테가 예상한 그대로였다!

거인 팀이 떠난 사이, 남은 아이들은 밧줄을 완성하고서 옮기기 쉽게 돌돌 감았다. 이어 아폴론이 밧줄을 지고서 나무를 타기 시작했다. 잠시 후 충분히 높이 올라왔다고 판단한 아폴론은 밧줄 한쪽 끝을 나무에 단단히 묶고서 자리에서 일어섰다. 그러고는 화살통에서 황금 화살을 꺼내 밧줄 반대편 끝을 묶고 조심스럽게 겨냥한 다음 화살을 날렸다.

"빛보다 빠르게, 두 고리 사이를 날아라!"

아폴론의 명령이 떨어지자 마법 화살이 피웅 하고 하늘을 갈랐다. 아폴론의 금 화살은 마법의 힘을 지니고 있어서, 날아갈 때 아폴론이 소속된 학교 밴드 '천상천하'의 곡이 울려 퍼졌다. 곧 마법 화살이 신전 지붕을 감고 있는 사슬 고리를 통과했다. 그러더니 바늘땀을 뜨기라도 하듯 반대편으로 날아가 그쪽 사슬을 통과했다. 속도가 어찌나 빠른지 움직임이 제대로 보이지도 않았다. 보고 있는 아이들 모두가 감탄을 터뜨렸다.

"명중이요! 잡았어!"

신전 반대편에서 아레스가 소리쳤다. 이제 신전 옆 나무에서 출발한 밧줄이 지붕을 감은 황금 사슬을 가로지르고 땅에서 대기 중인 아레스한테까지 이어졌다.

아폴론은 잽싸게 나무를 내려와 포세이돈과 임무 교대를 했다. 모두가 포세이돈에게 눈길을 고정한 채 숨을 죽이고서 다음 순서를 지켜보았다. 심지어 하나 남은 마리오네트 인형까지 넋을 잃은 듯 바라보고 있는 앞에서 포세이돈은 팽팽한 밧줄을 꽉 붙잡았다. 그러고는 허공에 매달린 채 한 팔 한 팔 움직여 앞으로 나갔다.

잠시 후, 목적 지점에 도착한 포세이돈은 밧줄에 다리를 걸고 거꾸로 매달렸다. 지켜보던 암피트리테는 긴장이 되어 자기도 모르게 두 주먹을 꽉 쥐었다.

'저렇게 용감한데…… 제발 도롱뇽으로 바뀌는 일이 없어야 할 텐데!'

포세이돈은 지붕 한가운데에 놓인 작은 돌을 집더니 몸을 일으켜 다시 한 손으로 밧줄을 잡았다. 그러고는 룬을 호주머니에 잘 챙겨 넣고서 다시 밧줄을 타고서 의기양양하게 친구들 곁으로 돌아왔다.

"성공!"

포세이돈이 나무에서 펄쩍 뛰어내리며 친구들에게 손바닥을 펼쳐 보였다. 룬이 모습을 드러냈다.

"대단해!"

암피트리테가 기뻐서 외쳤다. 다른 친구들도 축하 인사를 건넸고, 다 함께 룬 문자에 새겨진 신기한 무늬를 살펴보았다. 무슨 뜻인지 궁금해하는 사이, 무늬가 위치를 바꾸더니 글귀가 나타났다.

허락되지 않은 도시로 가시오.

다음 순간, 룬이 포세이돈의 손바닥에서 휙 날아오르더니 다시 신전 지붕 위로 돌아갔다.

아테나가 손뼉을 짝 치며 외쳤다.

"다음 목적지에 대한 실마리야!"

모든 과정을 지켜보고 있던 파마가 안두루이드를 펼치더니 제우스에게 소식을 전했다. 거의 동시에 모든 아이의 안두루이드가 디리링! 하고 울리기 시작했다. 제우스한테서 같은 내용의 메시지가 와 있었다. 그리고 질세라 가이아의 메시지가 뒤따라 도착했다. 파마가 내용을 큰 소리로 읽었다.

"교장 선생님은 '여러분 장하다!'라고 쓰셨고, 음, 두 번째 메시지는 가이아 님이 보낸 답장인데 '반칙이야! 올림포스 팀 전체가 하나로 뭉쳐서 움직였잖아.'라고 쓰여 있네."

포르피리온이 기회를 놓치지 않고 한 마디 던졌다.

"그렇다. 38 대 4로 싸웠다."

암피트리테는 속으로 끙 신음했다.

'뭐야, 숫자가 하나도 안 맞잖아. 지금 우리 쪽 남은 인원은 스물다섯 명이라고. 그래놓고 자기 자신은 쏙 빼고 자기 팀이 다섯 명이 아니라 네 명이래. 어휴.'

파마가 다시 입을 열었다.

"지금 새 메시지가 왔는데 내용이 '정정당당하게 경쟁하지 않은 데 대한 벌칙으로 아레스 팀은 탈락해야 마땅하다.'라고 쓰여 있어."

"그렇지!"

"얏호!"

거인들이 아레스 팀의 마카이와 퀴도이모스를 잡아먹을 듯이 노려보며 환성을 질러댔다.

"저 둘이 우리가 이길 수 있도록 돕느라 규칙을 어겼어?"

판도라가 주변 아이들에게 묻자, 헤라클레스가 씩 웃으며 대답했다.

"신전 반대편에 가 있을 때 마카이와 퀴도이모스가 '실수로' 거인에게 화살을 날렸거든. 화살이 명중한 곳이 하필······."

"그게 왜 아레스 잘못이야?"

평소 차분한 하데스가 화가 나는지 목소리를 높였다. 아레스도 자기 팀을 옹호하느라 콧방귀를 뀌며 따지고 들었다.

"내 말이 그 말이야! 너희들이 판테온에서 우리 마차와 수레를 박살 낸 건 정정당당한 행동이야? 반칙이잖아!"

"한 마디 한 마디 다 맞는 말이야!"

아레스 팀이자 누나인 에리스가 거들었다.

"옳소!"

역시 아레스 팀인 이시스까지 발끈하자, 아테나 팀인 하르모니아가 평화와 화합을 이루기 위해 나섰다.

"다 같이 잘 지낼 수는 없을까?"

파마가 자신의 안두루이드를 확인하더니 말했다.

"교장 선생님께서 아폴론 팀을 이번 과제의 우승자로 꼽으셨어. 아폴론의 뛰어난 활쏘기 기술 덕분에 테티스의 계획을 실행에 옮기고, 포세이돈이 덩굴을 타고 룬을 가져올 수 있었으니까."

암피트리테는 그 소식을 듣고 내심 깜짝 놀랐다. 도롱뇽이 될 위험을 무릅 쓰고 직접 지붕에서 룬을 집어온 자는 포세이돈이기 때문이었다.

'하지만 다 함께 힘을 모았으니까 제우스 님께서도 승자 한 명을 고르기 쉽지 않으셨을 거야. 흠, 포세이돈의 얼굴을 보니 마음이 복잡한가 봐. 그래도 제우스 님의 결정을 담담하게 받아들이려 애쓰고 있다니 대단해.'

암피트리테는 포세이돈을 보며 힘내라는 뜻으로 방긋 웃어주었다.

파마가 다시 소식을 전했다.

"그리고 아레스 팀이 탈락했어. 메시지는 거기까지야. 아레스, 팀을 데리고 경기장에서 나가야 할 것 같아."

아레스 팀은 내키지 않지만 어쩔 수 없다는 표정을 지으며 날개 샌들의 끈을 풀었다. 이시스는 날개 샌들이 없어서 에리스와 손을 맞잡았다.

아레스가 마지막으로 포세이돈에게 속삭였다.

"계속 너희들을 응원하면서 소식을 지켜보고 있을게. 도움이 필요하면 언제든지 소리쳐."

이윽고 아레스 팀이 하늘로 날아오르며 외쳤다.

"행운을 빌게!"

이제 올림포스 팀 중에서 남은 팀은 아테나, 포세이돈, 아폴론, 메두사 팀뿐이었다.

아레스 팀이 떠나자 아이들 사이에 우울한 침묵이 흘렀다. 반면, 거인들은 헤벌쭉 좋아서 어쩔 줄 몰랐다. 그때 헤라클라스가 우렁차게 고함을 질렀다.

"반드시 승리를 거두자!"

올림포스 아이들이 너도나도 힘차게 함성을 질렀다. 그런데 판도라가 헷갈린다는 듯이 코끝을 긁적이며 중얼거렸다.

"그런데 어떻게 이기지? 허락되지 않은 도시가 어딜까?"

실은 암피트리테도 같은 생각을 하고 있었다.

마지막 남은 마리오네트 인형이 바람에 몸을 덜그럭거리며 대답했다.

"룬이 지시한 대로 너희들은 중국의 자금성으로 가야 해. 자금성 곁에 있는 천단에서 다음 과제를 수행하게 될 거야. 하지만 그 전에 잠을 자야지."

아테나가 손가락을 딱 튕겼다.

"아하, 그렇구나. 자금성. 금지된, 허락되지 않은 도시."

마지막 인형이 휙 사라지자 날카로운 빛 한 줄기가 하늘을 갈랐다.

우르릉 쾅!

천지를 흔드는 듯한 우렛소리가 뒤따랐다. 올림포스 아이들과 거인들은 너나 할 것 없이 놀라서 하늘을 올려다보았다. 두 번째 번개가 치자 하얀 뭉게구름이 갑자기 먹구름으로 변하더니 눈이 내리기 시작했다.

"얘들아, 저길 봐!"

암피트리테가 땅을 가리키며 소리쳤다.

"누군가, 아마도 제우스 님이겠지? 우리를 위해 눈으로 지도를 그려 줬어. 자금성으로 가는 길인가 봐."

암피트리테와 아이들은 지도를 살펴보러 가까이 모여 섰다. 그런데 어쩐지 노곤해지면서 하품이 자꾸 나왔다.

"이건 보통 눈이 아니야."

누군가 말했다. 암피트리테는 천천히 고개를 주억거리며 대답했다.

"응. 차갑지도 않아. 아마도 마법이 깃들어 있어서 우리를 모두……."

암피트리테는 말을 끝까지 맺지 못했다. 올림포스 아이들을 비롯해 거인까지 갑자기 털썩 쓰러지며 깊은 잠에 빠져들었으니까.

더 많은 과제
포세이돈의 이야기

"거인들이 먼저 떠났어!"

누군가 소리쳤다.

"응?"

포세이돈이 기지개를 쭉 펴며 일어나 앉았다. 웁살라의 신비한 나무 아래 잠이 들었다가 다음 날 이른 아침에 막 눈을 뜬 참이었다. 문득 정신이 들면서 전날 있었던 일이 머리를 스치고 지나갔다. 포세이돈은 자리에서 벌떡 일어났다. 하얗게 쌓였던 눈과 마법 지도는 사라지고 없었다. 다행히 포세이돈은 천단으로 가는 길을 똑똑히 기억하고 있었다. 그런데 과연 거인들도 그럴까? 포세이돈은 여전히 자신만의 신전을 얻고 싶은 맘이

컸으므로 설령 거인들이 길을 잃는다고 해도 전혀 아쉽지 않았다. 전날, 과제에서 거인을 이기려고 올림포스 팀 전체가 하나로 뭉친 건 기쁜 일이었다. 하지만 그 결과 아폴론 팀이 승자로 지목된 부분이 포세이돈은 여전히 속 쓰렸다.

"거인들이 포기하고 돌아간 걸까?"

판도라의 말을 듣더니 메두사의 언니 스테노가 콧방귀를 끼며 답했다.

"잘도 포기했겠다."

"자자, 모두 일어나! 거인 팀이 우리보다 먼저 출발했어."

델피니오스가 소리치며 아이들을 깨웠다.

"어휴, 배고파."

아폴론 팀에 속한 인간 학생 악타이온이 중얼거렸다. 그러자 때마침 테티스가 머리 위를 가리키며 말했다.

"저길 봐. 밤사이 나무에 열매가 자랐어!"

테티스는 나무뿌리에 걸터앉아 긴 청록색 머리를 빗고 있다가 빗을 키톤 호주머니에 넣고서 다른 아이들과 함께 낮게 늘어진 나뭇가지에서 과일을 따기 시작했다.

잠시 후 포세이돈은 누군가 자기 손을 마주 잡는 걸 느끼고서 고개를 돌렸다. 테티스였다. 테티스가 방긋 웃으며 포세이돈에게 사과를 건넸다.

이윽고 올림포스 아이들은 유일한 아침거리를 맛있게 먹으며 날개 샌들의 힘을 빌려 하늘을 달리기 시작했다. 솔직히 포세이돈은 전날 테티스가 '화살 덩굴 작전'을 내어놓으면서 자신보다 더 '빛나는' 건 아닌지 걱정했다. 그러나 테티스는 전혀 그런 내색을 하지 않았다.

'테티스는 협동심이 있는 참 좋은 동료야. 어쩌면 오라클 쿠키가 엉뚱한 소리를 한 걸지도 몰라.'

"지금까지 우리가 다닌 목적지를 선으로 그어보면 시계 방향으로 진행된다는 사실, 너도 눈치챘니?"

테티스가 말을 걸었다.

"그래서 자금성 다음으로 방문하게 될 곳은 아마도 중국과 그리스 사이의 어느 나라가 아닐까 싶어."

포세이돈이 고개를 끄덕였다.

"그렇다면 여섯 번째이자 마지막 과제는 그리스에서 주어지겠구나."

포세이돈이 가슴에 단 리본 하나가 바람에 팔랑이며 목을 자꾸 간질였다. 포세이돈은 손으로 리본을 꾹 눌러서 고정했다.

"그건 왜 달고 있는 거야? 우승 메달 같은 거니?"

테티스가 사과를 든 손으로 포세이돈의 가슴팍에 달린 리본과 배지를 가리키며 물었다.

"아, 일종의 행운의 부적 같은 거야. 선물받았어."

포세이돈은 아테나의 손을 잡고 날아가고 있는 헤라클레스를 고갯짓으로 가리켰다.

"헤라클레스가 사자 망토에 부엉이 배지를 달고 있는 거 보이지? 아테나의 상징 중 하나가 부엉이거든. 아테나는 템플 게임 동안 헤라클레스한테 부엉이 배지를 빌려주었고, 헤라클레스는 지금 아테나가 달고 있는 사자 배지를 줬어."

이어 포세이돈은 메두사와 디오니소스 쪽을 가리켰다.

"디오니소스 목에서 금빛 나는 물체가 반짝이지? 장식이 달린 목걸이인데, 디오니소스 스타일은 아니지만 메두사가 행운을 빌며 준 거라 걸고 있어. 대신 메두사는 디오니소스가 준 포도 덩굴 배지를 달고 있고."

포세이돈은 어쩐지 더 설명해야 할 것 같은 기분에 반대쪽을 가리키며 말을 이었다.

"에로스가 가슴에 달고 있는 주황색 리본은 분명 파마가 준 걸 거야. 파마가 주황색을 좋아하거든. 전부 서로에게 행운을 빌어 주고 안전하기를 바라는 마음에서 주고받은 것들이야."

"그럼 네가 달고 있는 건 누가 줬어?"

테티스는 포세이돈이 달고 있는 배지와 리본 숫자를 눈으로 세며 다 먹은 사과를 저만치 아래 숲에 떨어뜨렸다.

"내 팬들."

포세이돈도 사과 속을 숲으로 던졌다.

"거의 인간들이야."

포세이돈은 대부분 '여자', 한술 더 떠서 '누군지 전혀 모르는 여자'라는 사실은 굳이 밝히지 않았다.

'이렇게 주렁주렁 달고 있는 것 중 하나만이라도 내가 좋아하는, 아니면 적어도 아는 누군가가 보낸 선물이라면 좋을 텐데.'

포세이돈은 지금껏 한 번도 그런 생각을 해본 적이 없었다. 테티스가 고개를 갸웃하며 포세이돈을 가만히 바라보았다. 포세이돈의 생각을 읽기라도 하는 듯했다. 포세이돈은 어쩐지 부끄러워졌다. 자신이 때때로 외로움을 탄다는 사실을 테티스에게 들키고 싶지 않았다. 테티스가 자신을 불쌍하게 여기는 건 더더욱 원치 않았다.

'야, 포세이돈, 정신 바짝 차려! 이러다 집중이 흐트러지면 어떻게 해? 자칫하면 템플 게임에서 질 수도 있고, 거인한테 박살 나 버릴지도 몰라.'

포세이돈은 그 유명한 '청록 빛깔 포세이돈' 미소를 지어 보이며 말했다.

"인간들은 올림포스의 신들한테 늘 이런저런 선물들을 보내고는 하잖아."

그러고는 자신 있는 목소리로 덧붙였다.

"너도 많이 받아 봐서 알지?"

"아니. 난 그런 선물은 한 번도 받아본 적 없어."

테티스는 그 말을 한 뒤로 입을 꾹 다물었다. 포세이돈은 테티스가 무슨 생각을 하는지 궁금했다. 물어볼까 망설이다가 입을 떼려는 순간, 델피니오스와 하데스가 판도라의 양손을 잡고서 가까이 다가왔다. 그 뒤 다섯 아이는 중국으로 가는 길 내내 지난 이틀 동안 있었던 일과 앞으로의 전략을 의논했다.

한낮이 될 즈음, 아이들은 자금성에 도착했다. 거대한 담과 해자로 둘러싸인 공간 안에 자금성 건물이 들어서 있었다. 하데스가 어마어마한 방어 체계를 눈여겨보며 농담을 던졌다.

"설마 우리 과제가 저곳에 침입하라는 건 아니겠지?"

포세이돈은 설마 하는 표정으로 고개를 가로저었다. 그러고는 전날 보았던 지도를 떠올려 보고서 앞을 가리켰다.

"저기 자금성 바깥쪽에 있는 건물이 천단인 것 같아."

둥그런 삼층 탑처럼 생긴 천단은 빨간색, 황금색으로 화려하게 칠해져 있고, 맨 꼭대기 지붕 위에는 황금 장식이 달려 있었다. 신전 건물 옆으로 화려한 꽃밭과 분수, 종탑이 보였다.

여자아이들 한 무리가 정원 근처에서 놀다가 불멸의 존재들이 도착하는 걸 보고 좋아서 소리를 꽥 질렀다.

"포세이돈이다!"

그중 한 여자아이가 조르르 달려오더니 좋아서 폴짝폴짝 뛰며 두루마리를 내밀었다.

"사인해 줄래요?"

"나도요!"

"나도 해 줘요!"

그러자 나머지 여자아이들도 우르르 몰려들었다.

"그럼요."

포세이돈은 부드럽고 자신감 넘치는 목소리로 대답했다. 너무나도 익숙한 모습이었다. 올림포스 학교에 다니는 선망의 대상으로 되돌아가는 건 순식간이었다. 하지만…… 왜인지 이번에는 조금 달랐다. 1분쯤 지났을까? 포세이돈은 주변을 두리번거렸다.

"테티스?"

"나 여기 있어."

테티스가 한숨을 쉬며 대답했다. 테티스는 포세이돈의 바로 뒤에 있었다.

"다른 애들은 모두 천단 안으로 들어갔어. 가능하면 너도 팬들이랑 그만 헤어지고 안에 들어가면 안 될까? 난 네가 거인을 이기고 싶어 하는 줄 알았는데 말이야!"

포세이돈은 내심 깜짝 놀랐다.

'우와. 어쩐지 화난 것 같은데? 왜 갑자기 서두르는 거지?'

문득 떠오르는 생각이 있었다.

'여자아이들이 관심을 보이니까 혹시 아주 조금이라도 질투하는 건가? 아무래도 그런 것 같은데. 그럼 테티스가 날 좋아한다는 뜻이잖아?'

포세이돈은 그 생각에 행복해졌다.

"미안해요. 이제 가 봐야겠어요."

포세이돈은 팬들에게 인사를 하고서 테티스를 따라 얼른 천단 안으로 들어갔다.

비슷한 또래의 중국인 소녀 둘이 길 안내를 했다. 둘 다 커다란 소매가 달린 빨간색 비단옷을 입고 있었다. 두 소녀는 포세이돈 팀을 기다란 붉은 기둥이 끝없이 늘어선 둥근 방으로 안내했다. 가장 먼저 도착한 거인 팀까지 포함한 네 팀은 질그릇이 놓여 있는 탁자에 둘러앉아 있었다.

포세이돈 팀까지 자리를 잡고 앉자 다들 신나게 식사를 시작했다. 그릇마다 먹음직스러운 중국 요리가 가득했고, 불멸의 존재를 위한 넥타르도 마련되어 있었다. 거인들은 어마어마하게 큰 그릇에 담긴 음식을 지저분하게 먹기 시작했다.

"으읙."

판도라가 고개를 절레절레 흔들었다. 테티스도 따라서 표정을 찡그렸다.

"진짜 으읙이야."

"천단에 오신 여러분을 환영합니다."

천단에서 일하는 시녀 중 한 명이 말을 꺼냈다.

"이곳에 관하여 간단히 설명을 해 드릴까 합니다. 하늘은 푸르므로 신전의 삼단 지붕도 파란색으로 칠해져 있습니다."

포세이돈은 시녀가 메두사 팀에 속한 중국 여신 용모와 마조에게 계속 미소를 보내는 걸 알아차리고서 인상을 찌푸렸다.

'저 두 중국 여신은 이 신전에 대해 잘 알고 있겠지. 메두사 팀이 이번 과제에선 더 유리할까?'

시녀가 다시 말을 이었다.

"황제 폐하께선 한 해에 두 번 자금성을 떠나 이곳 천단에서 제사를 지내십니다. 풍년이 들도록 제사의 각 절차는 완벽하게 진행되지요."

"그래서 과제가 뭔데?"

포르피리온이 버럭 짜증을 내며 시녀의 말을 잘랐다. 포르피리온의 형제들이 형의 말이 옳다는 듯 고개를 열심히 끄덕이며 신경질을 부려댔다.

테티스를 비롯한 몇몇 올림포스 아이들이 거인들의 무례함에 눈살을 찌푸렸다. 하지만 포세이돈은 그 순간만큼은 거인과 같은 생각이었다. 벌써 식사를 마치고 경쟁에 뛰어들 마음의 채비를 단단히 하고 있었으니 말이다.

"그럼 과제에 대해 말씀드리겠습니다."

다른 시녀가 거인의 훼방에 전혀 싫은 기색도 없이 밝은 목소리로 이어 말했다.

"오늘 도전하게 될 과제의 하나로 여러분은 중국 전통 다도를 배워야 합니다."

시녀들이 그릇을 치우더니 각 팀의 탁자에 찻주전자와 잔, 차 주걱 등의 다기를 조심스럽게 배열한 쟁반을 올려놓았다.

"흠."

하데스가 다기를 미심쩍게 바라보며 말을 꺼냈다.

"몇 주간이나 온갖 운동을 하고 장애물 경기에 대비해 연습했는데, 도전 과제가 차를 우리는 거란 말이지?"

솔직히 포세이돈도 같은 생각이었지만, 하데스의 말을 들으니 초조함이 가시고 웃음이 터져 나왔다.

'물과 관련된 과제가 나오길 바랐지만 차 우리기가 나올 줄은 몰랐는걸. 씁쓸하네.'

포세이돈 외에도 키득거리며 터져 나오는 웃음을 참고 있는 아이들이 많았다. 두툼한 손을 가진 거인들이 그들에게는 골무보다 작아 보이는 섬세한 도자기를 잡고서 애쓰는 모습이 너무나 우스웠다.

다도에는 부와 행복을 얻기 위한 여러 절차가 들어 있었다. 첫 순서로 작은 찻주전자에 찻잎을 우리는 동안, 아이들은 뜨거운 물을 이 잔에서 저 잔으로 옮겼다. 그리고 순서가 진행되면서 모두 김이 솔솔 솟아오르는 작은 찻잔을 한 잔씩 받았다. 심지어 거인 팀도 그럭저럭 성공했다.

"어느 팀이 이긴 거지?"

판도라가 차를 마시기 위해 찻잔을 입에 대며 물었다. 그러자 시녀 중 한 사람이 다급히 외쳤다.

"잠깐만요! 도전 과제는 아직 끝나지 않았어요."

곁에 있던 다른 시녀가 앞으로 나섰다.

"여러분의 도전은 이제부터입니다! 자, 이제 모두 자기 잔을 가지고 밖으로 나가서 머리에 찻잔을 올리세요. 그런 다음 자금성 성벽을 따라 한 바퀴 돌고서 이곳으로 다시 돌아오세요. 대신 차를 한 방울도 흘리면 안 됩니다. 가장 먼저 돌아오는 도전자가 속한 팀이 승리를 얻을 거예요."

아이들이 우르르 자리에서 일어나자 시녀가 소리쳤다.

"조심하세요. 차를 한 방울이라도 흘리면 그 팀은 바로 탈락합니다! 만약 중도 탈락하는 팀이 없으면 가장 늦게 도착한 팀이 탈락하게 될 거예요."

포세이돈은 자기 팀을 모아서 각자의 정수리에 안정적으로 찻잔을 올릴 수 있게 도와주었다. 동료들이 먼저 떠나자, 포세이돈도 머리카락을 쓱쓱 쓸어 넘겨 정리하고서 자기 찻잔을 올리고 출발했다.

'아, 우리 팀은 이 과제에서 판도라가 가장 약하구나.'

뒤따라가던 포세이돈은 호기심 넘치는 판도라가 여기저기 쳐다보느라 고개를 자꾸 돌리는 걸 알아차렸다. 자금성 담에 걸려 있는 기다란 비단 장식, 하얀 옷을 입은 남자들이 지고 가

는 붉은 가마, 화려하게 자수를 놓은 옷을 입은 여자 등 판도라에겐 호기심을 불러일으키는 구경거리가 너무나 많았다.

화가 난 포세이돈이 한 소리 퍼부으려는 순간, 테티스가 판도라에게 다가가더니 주의를 집중하도록 도왔다.

"판도라, 고개를 똑바로 하고 움직이지 말아야 해. 곁눈질로도 구경은 할 수 있잖아. 그렇지. 자, 그렇게 계속 가는 거야. 벌써 이쪽 담 끝에 도착했네!"

뒤에서 바삐 걸어오던 포세이돈이 테티스 곁에 이르자 나지막하게 속삭였다.

"잘했어."

테티스는 조심스러우면서도 빠른 걸음을 안정적으로 유시하며 대답했다.

"고마워. 테티스랑 같이 물개 떼 돌보기 수업을 들을 때 늘 이런 걸 했거든."

"아, 바로 밑의 동생인 테티스 둘이랑 같이 수업을 듣나 봐?"

"응?"

테티스가 화들짝 놀라는 바람에 잔에 든 찻물이 출렁였다.

"어, 조심해."

"아, 미안. 응, 맞아. 그 동생을 말하는 거야."

쨍그랑!

뒤에서 그릇 깨지는 소리가 들렸다. 포세이돈은 자기도 잔을 떨어뜨릴까 봐 감히 돌아볼 엄두가 나지 않았다.

"이런, 누군가 탈락했네."

뒤에서 델피니오스의 목소리가 들려와 포세이돈이 대답했다.

"우리 팀은 아니야. 우리는 판도라만 신경 쓰면 돼."

"저 애를 너무 몰아세우지 말았으면 해."

테티스가 나직이 충고했다.

"웁살라에서 판도라 덕분에 마리오네트 인형한테서 좋은 정보를 얻어낼 수 있었잖아. 우리 모두에게 각자가 가진 능력을 선보일 기회를 줘 봐. 넌 아마 깜짝 놀라게 될걸?"

그때 판도라가 또 다른 곳에 정신을 팔기 시작했다. 포세이돈은 고개를 살짝 돌리고서 테티스가 판도라 곁으로 다가가는 모습을 지켜보았다. 인정하고 싶지 않지만, 테티스의 말이 옳았다. 웁살라 신전에서 판도라는 꽤 좋은 질문을 두어 가지나 던졌다.

'난 늘 최고가 되기 위해 노력하는데, 다른 애들이 보기에 그런 내 모습이 과하게 느껴질 수도 있겠다. 동료들을 좀 더 격려하고 북돋아 줘야겠어.'

포세이돈은 마음먹은 바를 실천에 옮기고자 판도라 곁으로 갔다.

"자세가 좋은걸? 그런 식으로 계속 걸음 속도를 일정하게 유지하고 집중해."

포세이돈은 판도라가 긍정적인 주목을 받자 얼마나 기뻐하는지를 확인하고서 깜짝 놀랐다. 포세이돈 자신까지 기분이 좋아질 정도였다.

어느새 포세이돈 팀은 결승점인 천단의 앞뜰에 도착했다. 하지만 걸음걸이가 큰 거인들이 이미 한참 전에 도착해 있었다. 게다가 찻잔이 머리에 난 수증기 구멍에 딱 맞아서 걷는 내내 안정적으로 고정된 덕분에 차를 한 방울도 흘리지 않았을 뿐 아니라 따뜻하게 데워져 있기까지 했다!

아까 그릇 깨지는 소리의 주인공은 메두사였다. 메두사 팀이 탈락하고 거인이 승리를 거머쥔 것이다! 모두들 결과를 마뜩잖게 여겼다. 특히 메두사가 못마땅해했고, 머리 위의 뱀들이 거인을 향해 사납게 쉿쉿거렸다.

"저기 저 초록색 김 뿜는 녀석이 내 발을 거는 바람에 잔을 떨어뜨린 거라고!"

메두사가 억울해하며 투덜거렸다. 그 소식을 듣자 올림포스 팀은 거인 팀이 더욱 언짢게 느껴졌다. 포세이돈은 늘 메두사의 뱀을 꺼림칙하게 여겼지만, 지금은 포세이돈도 거인들을 향해 쉿쉿거리고 싶은 기분이었다.

하지만 메두사의 증언만 있을 뿐 그 사건을 목격한 이가 없었고, 거인들은 당연히 사실을 부인했다. 그 때문에 제우스는 결국 거인 팀의 승리를 인정하는 메시지를 보내왔다. 문장이 짧고 퉁명스러운 것으로 미루어 제우스도 상황이 마음에 들지 않는 모양이었다. 천단의 시녀들은 파마에게 오라클 쿠키 하나를 건네고는 작별 인사를 하고 다시 신전으로 돌아갔다.

파마는 신전 앞 계단에 서서 오라클 쿠키를 둘로 나누었다. 그러자 오라클 쿠키가 크고 또록또록한 소리로 지시 사항을 전했다.

"인도의 바드리나트로 가십시오. 히말라야의 산자락에 비슈누 신을 모시는 힌두교 사원이 있습니다. 그곳에서 한 팀은 승리를 얻고, 한 팀은 탈락할 것입니다."

인도는 중국과 국경이 맞닿아 있어서 거인들의 걸음걸이와 올림포스 팀의 날개 샌들 속도로 한 시간 안에 도착할 수 있었다. 곧 모든 팀이 험준한 산속에 자리 잡은 사원 앞에 모였다. 노란색, 파란색, 빨간색으로 칠해진 사원 건물 위에는 깃발이 나부끼고, 출입구에는 커다란 종이, 사원 밑에는 유황 온천이 자리하고 있었다.

화려한 사리를 입은 여인이 참가자들을 맞았다. 올림포스 팀 여자아이들이 감탄을 터뜨리자 인도 여인은 사리가 원래 기다란 한 장의 천이며, 특별한 방법으로 몸에 둘러 입는다고 알려 주었다. 포세이돈이 보기에는 그리스 여자들이 입는 키톤과 비슷해 보였다. 사리 쪽이 훨씬 장식이 많지만 말이다.

"힌두교 전설에 따르면 어느 날 비슈누 신께서 명상을 하려고 바드리나트에 들르셨다고 해요."

안내자가 자기 옆에 서 있는, 금박을 입힌 석상을 가리켰다.

"우와, 손이 왜 저렇게 많아요?"

판도라가 궁금증을 이기지 못하고 불쑥 물었다.

"비슈누 신께서는 여러 손을 가진 모습으로 자주 표현된답니다. 많은 일을 한꺼번에 해내시는 힘을 가지셨음을 드러내기 위해서지요. 여러분의 도전 과제와도 관련이 있어요."

그 말에 모든 참가자가 귀를 쫑긋 세웠다. 이번에는 또 어떤 과제가 펼쳐질까?

"이번 과제는, 여러분도 비슈누 신처럼 많은 일을 한 번에 해내는 것입니다. 과제를 수행하는 중 실수를 저지르는 즉시 도전 권한이 박탈됩니다. 가장 먼저 팀에 소속된 다섯 명이 모두 실패한 팀은 탈락하고, 마지막까지 남은 도전자의 팀이 승리를 얻게 될 거예요. 자, 그럼 시작해 볼까요? 먼저 모두 한 발로 서세요."

안내자가 지켜보는 가운데 템플 게임 참가자들은 키득거리며 한 발로 서서 중심을 잡았다. 아폴론 팀인 켄타우로스는 한 발을 들고 세 발로 서도 된다고 허락을 받았다.

"이제 한 손으로는 머리를 톡톡 치고, 다른 손으로는 배를 문지르세요."

모두가 세 가지 일을 동시에 해내자 안내자의 주문이 계속 이어졌다.

"지금부터는 고개도 끄덕입니다."

행동이 하나씩 더해지자 포세이돈은 자기도 모르게 웃음이 났다. 대놓고 푸핫 하고 웃음을 터뜨리는 아이도 있었다. 그간 경쟁하느라 바짝 긴장했던 탓인지 다들 어색하고 우스꽝스러운 서로의 모습을 보며 꽤 즐거워했다.

"일광욕 기술이 생각나."

테티스가 한 발로 깡충깡충 뛰며 말을 꺼냈다. 근처에 있던 아이들이 어리둥절해 하자 테티스는 얼른 설명을 덧붙였다.

"내가 다니는 지중해 학교 수업 과목 중 하나야. 미끄러운 바위 위에 앉아서 자세를 흐트러뜨리지 않고 머리를 빗으며 노래를 불러야 하거든. 생각보다 쉽지 않아!"

안내자의 주문이 점점 까다로워졌고, 마침내 에로스가 중심을 잃고 말았다. 그렇게 한 명씩 점차 떨어져 나가면서(실제로는 땅에 넘어졌지만) 최종적으로 포르피리온, 아테나, 아폴론과 포세이돈만 남았다. 넷은 머리를 두드리고, 배를 문지르고, 고개를 끄덕이면서 온갖 행동을 동시에 해냈다.

잠시 후 팀에서 마지막으로 남은 아폴론이 실수를 저지르면서 아폴론 팀 전체가 탈락했다. 성격 좋은 아폴론은 웃으며 패배를 인정했다.

'뭐, 아폴론한테는 별일이 아니겠지.'

포세이돈은 속으로 중얼거렸다.

'녀석은 이미 신전이 한두 개가 아니잖아. 물론 아폴론은 신전을 얻을 자격이 있지. 하지만 나도 그렇다고!'

다음으로 포르피리온이 실패했다.

'앗싸!'

이제 남은 도전자는 아테나와 포세이돈뿐이었다. 포세이돈은 너무나 승리를 갈망한 나머지 몸이 서서히 긴장되기 시작했다. 순간 집중력이 흔들리는가 싶더니 몸의 중심이 무너졌다. 승리는 아테나의 차지가 되었다.

모두가 아테나를 축하해 주었다. 테티스는 아테나를 안아 주었다. 포세이돈은 그 모습을 보며 전날 두려워하는 중국 여신을 테티스가 안아 주던 모습을 떠올렸다.

'테티스는 나보다 훨씬 다정하고 상냥하구나.'

포세이돈은 패배를 인정하고 스포츠맨 정신을 발휘해야 한다는 걸 알면서도 자신의 가장 큰 맞수에게 도저히 축하 인사를 건넬 수가 없었다. 거인을 제외하고 포세이돈이 가장 이기고 싶은 상대가 바로 아테나였으니까.

'이제 아테나 팀과 우리 팀만이 거인을 이길 유일한 희망이 되어버렸네.'

사리를 입은 안내자가 두루마리 하나를 가지고 다가왔다. 두루마리에는 제우스가 미리 골라 놓은 여섯 장소의 이름이 쓰여 있었다.

"이번 과제의 승자한테는 다음 목적지를 고를 권한이 주어집니다."

아테나는 목록을 살펴보더니 큰 소리로 외쳤다.

"이집트로 가겠어요!"

남은 세 팀은 아라비아해, 사우디아라비아, 홍해를 지나 이집트의 카르나크 신전에 도착했다. 두 어린 시종이 세 팀을 신전 안으로 맞아들였다. 거대한 기둥이 늘어선 신전 복도에 들어서자, 하얀 마로 만든 옷을 입고 눈가에 까만 칠을 한 안내자가 다가왔다. 안내자는 놀란 눈으로 거인들을 쓱 쳐다보았다. 템플 게임에 거인이 참가한 것에 놀라서인지, 아니면 이곳까지 오느라 달리고 헤엄친 탓에 거인의 온몸이 흠뻑 젖었기 때문인지는 알 수가 없었다.

"이곳은 다주실로 지어졌습니다."

안내자가 입을 열자마자 판도라가 끼어들었다.

"다도실이요? 다도는 중국에서 한번 했는데요?"

안내자는 고개를 가로저으며 차분차분 설명했다. 다주실이란 지붕을 받치기 위해 높다란 기둥을 많이 세워 놓은 큰 방을 가리키는 말이었다.

"이곳에는 모두 백삼십사 개의 거대한 기둥이 열여섯 줄로 늘어서 있습니다. 그중에는 높이가 20미터가 넘는 기둥도 있지요. 보다시피 모든 기둥이 아름다운 그림, 조각, 상형 문자로 장식되어 있습니다."

안내자가 설명하는 사이, 포세이돈은 거인들이 한 명씩 신전을 떠나고 있음을 알아차렸다.

'이상하네. 왜 도전 과제를 듣지 않는 거지?'

그 사실을 눈치챈 이는 포세이돈만이 아니었다. 거인은 덩치가 너무 커서 몰래 빠져나가는 게 사실상 불가능한데 다섯 명이나 사라지니 눈에 띄지 않을 수가 없었다.

"거인들이 다 어디 갔지?"

모든 게 궁금한 판도라가 묻자, 시종 한 명이 손가락으로 북쪽을 가리켰다.

"파르테논에서 엄마가 만나자고 했다는 말을 나누는 걸 들었어요."

"판테온? 거긴 맨 처음 도전 과제를 받았던 곳이잖아?"

판도라가 헷갈리는 듯 인상을 찌푸리자, 디오니소스가 대답해주었다.

"판테온은 로마에 있는 곳이고, 거인 팀은 그리스의 파르테논으로 갔대."

그러나 판도라의 질문은 멈추지 않았다.

"여기 과제는 아직 시작도 하지 않았잖아? 혹시 거인들한테 무슨 꿍꿍이가 있는 걸까?"

"좋은 질문이야."

포세이돈이 판도라의 말을 받았다.

"그 질문에 대한 답을 알아야겠어!"

다른 아이들도 고개를 끄덕였다. 그러자 안내자가 긴장한 얼굴로 입을 열었다.

"이건 정말 생각지도 못한 상황이로군요. 마지막 과제가 주어질 장소가 바로 파르테논입니다. 그래서 거인팀이 이곳을 건너뛴 모양이에요. 여러분도 이번 과제는 포기하고 어서 파르테논으로 가십시오."

포세이돈은 아이들과 함께 카르나크 신전 복도를 서둘러 빠져나오며 생각에 잠겼다.

'무조건 마지막 도전 과제를 먼저 받으면 템플 게임을 아무런 반대 없이 이길 수 있다고 생각한 걸까?'

델피니오스가 포세이돈의 곁에서 걸으며 투덜거렸다.

"속임수를 쓰다니! 나쁜 녀석들!"

파나케이아가 일행에게 물었다.

"제우스 님께서 가만있지 않으시겠지?"

아테나가 머뭇거리며 대답했다.

"글쎄, 잘 모르겠어."

포세이돈은 아테나의 마음을 짐작할 수 있었다.

'교장 선생님은 허를 찌르는 걸 좋아하시는 분이시잖아. 그러니 거인들의 속임수를 재미있다고 여기실지도 몰라.'

테티스가 소리쳤다.

"우리가 꼭 막아야 해!"

신전 밖으로 빠져나오자마자 포세이돈은 테티스의, 아테나는 헤라클레스의 손을 잡았고, 모두 함께 하늘로 날아올랐다.

포세이돈은 그리스를 향해 날아가는 내내 마음이 무거웠다. 파르테논은 아테나가 올리브를 발명해서 상으로 받은 신전으로, 아테나를 모시는 신전 중 가장 유명한 곳이었다. 포세이돈은 발명 대회에서 아테나가 우승하고(포세이돈은 지고), 그리스 사람들이 아테나의 이름을 따서 새로운 도시에 '아테네'라는 이름을 붙여 준 뒤에는 가능한 그곳을 멀리했다. 반면 아테나는 파르테논 신전에 대해 속속들이 알고 있을 테니 그곳에서 받게 될 과제에서 여러모로 유리할 터였다.

'하긴 벌써 템플 게임이 끝나고 거인들이 승리해 버렸다면 이런 걱정 해 봐야 아무 소용없었겠지!'

포세이돈이 생각했다.

9
거인들의 습격
암피트리테의 이야기

　속임수쟁이 거인들이 이대로 우승할까 봐 아이들은 그리스를 향해 바삐 길을 재촉했다. 나일강을 따라 북쪽으로 이동해 지중해에 이를 때까지 다들 바짝 긴장해서 말 한마디 나누려 하지 않았다. 한참을 날아가던 중, 포세이돈의 얼굴이 갑자기 굳더니 암피트리테를 바라보았다. 그러더니 난데없이 암피트리테를 데리고 반짝이는 바다를 향해 수직 낙하했다.
　"뭐 하는 거야?"
　암피트리테는 깜짝 놀라서 두 손으로 포세이돈의 손을 꽉 마주 잡았다. 암피트리테의 긴 청록색 머리가 바람에 정신없이 나부꼈다.

포세이돈이 윙윙 하는 바람 소리를 이기려 목청을 높여가며 대답했다.

"바다에 들어가지 않은 지 24시간이 넘었잖아. 뭍멀미 나지 않아?"

"아니, 나 괜찮아."

대답하면서 암피트리테 자신도 놀랐다. 포세이돈이 속력을 늦추면서 둘은 지중해에 빠지기 직전에 멈춰 섰다. 뒤꿈치의 날개가 열심히 파닥이면서 둘의 몸을 파도 위에 띄워 주었다.

"그럼 인어로 몸을 바꾸지 않아도 돼?"

암피트리테가 고개를 끄덕였다.

"응. 뭍멀미가 전혀 느껴지지 않아. 이상하지?"

"그러게. 신기하네."

포세이돈은 암피트리테의 손을 잡고서 다시 하늘로 날아올랐다.

다른 아이들을 따라잡기 위해 빠른 속도로 하늘을 달리는 동안, 암피트리테의 머릿속도 빠르게 회전했다.

'옴파로스 진주의 힘이야! 델피 신전에서 진주를 들고 바다와 육지 양쪽에서 다 사는 게 내 소원이란 말을 했잖아. 진주가 내 소원을 들어준 거야!'

암피트리테는 키톤 호주머니를 더듬어 보았다. 안에 든 동그란 진주가 느껴졌다.

'정말로 진주의 힘 덕분에 물멀미에 걸리지 않고 변신한 채로 지낼 수 있는 거라면? 우와, 생각만 해도 가슴이 떨리는걸. 옴파로스에 박혀 있는 나머지 진주를 얻고 동생들도 같은 소원을 빌면 이런 능력을 얻을 수 있다는 얘기잖아. 우리가 간절히 바라던 보호 능력 말이야. 그런데…… 무슨 수로 거인한테서 옴파로스를 빼앗지?'

"솔직히 난 변신 능력을 얻은 지 얼마 되지 않았어."

암피트리테는 진실의 일부만을 털어놓았다. 그러자 포세이돈은 의외라는 표정을 지었다.

"그래? 난 네가 변신 능력이 뛰어나다고 들었거든. 그 점이 널 팀에 초대한 이유 중 하나였어."

암피트리테는 얼굴이 하얗게 질렸다.

'이대로 들키고 마는 걸까?'

암피트리테는 이제 그만 모든 진실을 털어놓아야 한다는 걸 알고 있었다. 자신은 변신 능력이 뛰어난 테티스가 아니라고 말이다.

'하, 하지만 테티스랑 짜고 자기를 속였다고 포세이돈이 화

를 내면 어떡하지? 너무 화가 나서 날 바다에 남겨 두고 가 버리면 어떻게 해?'

암피트리테는 자신이 포세이돈에 끌리고 있음을 깨달았다.

'포세이돈이 날 나쁜 아이라고 여기면 안 되는데.'

암피트리테가 결정을 내리지 못하고 망설이는 사이, 어느새 둘은 다른 아이들과 합류하게 되었다.

하르모니아가 앞을 가리키며 외쳤다.

"저기 거인들이 있어!"

암피트리테도 그쪽으로 눈길을 돌렸다. 어느새 파르테논 신전이 발아래 펼쳐져 있었다. 암피트리테는 지중해 학교의 두루마리 책에서 파르테논의 그림을 본 적이 있었다. 하얀 빛을 뿜어내는 파르테논 신전은 아크로폴리스라 불리는 언덕 위에 자리 잡고서 아테네 시가지를 굽어보고 있었다. 다섯 거인은 아크로폴리스 주변을 뛰어다니며 뭔가를 열심히 찾고 있었다.

"저 녀석들 대체 뭘 찾는 거지?"

하데스가 중얼거렸다.

올림포스 아이들이 가까이 다가가자 포르피리온이 형제들에게 신호를 보냈다. 거인들은 한바탕 싸움을 벌이기라도 할 듯한 자세를 취하고서 올림포스 아이들을 마주 보았다. 그 모습을 본 올림포스 아이들은 땅에 내려서지 않고 거인들 머리 위를 맴돌며 거리를 유지했다.

암피트리테는 포르피리온이 왕관처럼 쓰고 있는 옴파로스에서 눈을 뗄 수가 없었다. 옴파로스나 진주 근처에 다가가기는 도저히 불가능해 보였다.

'포세이돈이 가까이 데려다줄 리도 없겠지? 그건 너무 위험할 테니까. 포르피리온이 저걸 벗게 만들 방법이 없을까?'

그때 갑자기 땅속에서 가이아의 목소리가 울려 퍼졌다.

"그럼, 말해 보시지."

"누구한테 하는 말이지?"

판도라의 질문에 대한 답은 조금 뒤 예상 밖의 곳에서 들려왔다. 하늘에서 제우스의 목소리가 울려 퍼진 것이다!

"여러분! 난 인간 세상에서 끔찍한 전쟁이 일어나는 걸 피하고자 부득이하게 위험한 계약을 맺어야 했다. 가이아와 난 오늘 마지막 도전 과제에서 최종 승자를 가리는 것 이상의 결정을 내릴 것이다. 즉, 옴파로스의 주인이 가이아인지 나인지를 가리기로 했다. 저 돌에는 여러분이 아는 것 이상의 엄청난 힘이 깃들어 있다. 옴파로스로 세상의 중심을 표시해 두지 않으면 지구가 중심을 잃게 되니 말이다. 위험 부담이 커졌어. 여기서 이기는 쪽이 모든 것을 가질 것이다."

"정확히 말해야지. 온 세상을 가질 거라고."

가이아가 낄낄거리며 끼어들었다.

"그게 누구든, 저 속이 텅 빈 돌을 통제하는 자가 세상을 지배하니까 말이야. 물론 거기에는 올림포스산도 포함되어 있고 말이지. 내 아들들이 이기면 너희들은 올림포스 학교에서 나가야 해. 그곳도 우리 차지가 될 거니까아아아아!"

"그건 당신이 이겼을 때 얘기지."

제우스의 목소리를 들어 보니 이를 악물고 화를 참고 있는 듯했다.

"가이아, 명심하시오. 훼방 놓기 없기요. 마지막 과제에 우리 둘 중 누가 끼어들면 상대 팀이 옴파로스를 얻을 것이오."

가이아는 느긋하게 대답했다.

"아, 네, 네."

물론 암피트리테는 가이아를 눈곱만큼도 믿지 않았다.

"올림포스 팀, 최선을 다해 주길 바란다!"

제우스가 엄숙하게 말했다.

"세상의 운명이 너희들 손에 달려 있구나. 자, 이제 가이아와 난 떠나도록 하마."

제우스의 목소리가 스러지자, 아이들은 먹먹한 기분으로 서로를 바라보았다. 아직 거인 근처에 다가갈 엄두도 나지 않았다. 그런데 다섯 거인은 곧바로 수색을 다시 시작했다.

"최종 도전 과제가 뭔가요?"

아테나와 포세이돈이 동시에 외쳤다. 그러나 제우스도 가이아도 아무런 답이 없었다. 모두의 눈이 파마를 향했다.

안두루이드를 들여다보고 있던 파마가 고개를 들었다. 얼굴이 하얗게 질려 있었다. 파마가 말을 시작하자, 아이들은 파마의 입에서 솟아오른 구름 글자를 주목했다.

"불사의 힘을 가진 약초를 찾는 거야. 누구든 먼저 찾는 쪽의 팀이 승리를 얻는대."

아이들은 어쩌면 좋으냐는 눈빛으로 서로를 멀뚱멀뚱 쳐다볼 뿐이었다. 보다 못한 암피트리테가 나섰다.

"약초가 어떻게 생겼는지 아무도 모르니?"

모두 고개를 가로젓자, 하데스가 안타까운 듯 머리를 벅벅 쓸어넘기며 말했다.

"아, 페르세포네가 있으면 좋을 텐데. 페르세포네는 식물이면 뭐든 잘 아니까 분명 불사의 약초에 대해서도 아는 게 있을 거란 말이야."

디오니소스가 씩씩대며 분통을 터뜨렸다.

"저 치사한 거인 녀석들은 알고 있나 봐. 그렇다고 우리한테 절대 알려 줄 리는 없겠지."

이번에는 아테나가 뭔가 생각하며 말을 꺼냈다.

"불사의 힘을 가진 약초라면 먹은 자가 죽거나 다치지 않게 된다는 거겠지?"

아테나가 곰곰이 생각하는 사이, 하르모니아가 지평선 쪽을 가리키며 소리를 질렀다.

"오 신이시여! 거인들이 떼로 몰려오고 있어!"

헤라클라스가 바짝 긴장하며 말했다.

"이런. 가이아한테 아들이 백 명이나 있다고 했잖아."

암피트리테는 그쪽으로 눈길을 돌렸다가 기겁했다. 거인들이 땅을 뒤흔들며 사방에서 달려오고 있었다. 갑옷을 입고 창을 든 자도 있고, 활활 타오르는 횃불이나 커다란 바위를 담은 자루를 든 거인도 있었다. 다음 순간, 창과 횃불과 바위가 하늘에 떠 있는 올림포스 팀을 향해 날아왔다.

"반칙이야!"

델피니오스가 고함쳤다. 파마는 긴장한 얼굴로 안두루이드를 확인하더니 구름 글자를 띄웠다.

"맞아. 반칙이야. 그런데 게임 규칙 중에 가이아가 팀 인원을 늘릴 수 없다는 규칙이 없어. 교장 선생님도 이런 사태가 벌어질 줄은 모르신 것 같아."

포세이돈은 분한 듯 주먹을 꽉 쥐며 외쳤다.

"우리도 훌륭한 전사지만 상대의 숫자가 너무 많아. 이건 불가능한 싸움이야."

암피트리테는 속이 상했다.

'나처럼 혼자서는 날 수 없는 아이들이 있어서 싸움에 더 불리할 거야.'

그 순간, 사방에서 지원군이 속속 나타나기 시작했다.

"우와!"

암피트리테가 사방을 손짓하며 말했다.

"다른 팀이 돌아오고 있어. 저기 아르테미스와 아폴론 팀이 보이잖아. 페르세포네도 오고 있어. 모두 다 여기로 오고 있어!"

암피트리테는 친구들을 보자 기쁘기도 하고 마음이 놓이기도 해서 가슴이 벅차올랐다.

"조심해!"

누군가 소리를 질렀다. 거인들이 다시 바위와 창을 날리자, 올림포스 아이들은 사방으로 흩어졌다.

"난투극이 벌어졌다!"

헤파이스토스가 하늘에서 쌩 내려오더니 은 지팡이로 거인의 머리를 탁탁 때렸다.

"이거나 받아라, 이 멍청이들아!"

아레스가 창을 날리는 모습을 보며 암피트리테는 묘한 느낌을 받았다.

'흠, 엄청나게 위험한 상황이지만, 어쩐지 다들 거인과 싸움을 즐기는 것 같은 느낌인데?'

암피트리테는 포세이돈도 친구들 곁에서 싸우고 싶어 안달이 난 걸 알아차렸다.

'말릴 수도 없겠어. 세상의 운명이 걸려 있잖아!'

암피트리테는 얼른 포세이돈에게 말했다.

"날 땅에 내려줘. 난 괜찮아. 거인들은 나처럼 올림포스 신이 아닌 애들한테는 관심이 없어. 거인들이 노리는 건 너희들이니까 말이야."

포세이돈은 어찌해야 할지 몰라서 망설였다.

"서두르자."

암피트리테가 고집을 피웠다.

"저기 밑에 페르세포네가 불사의 약초를 찾고 있잖아. 네가 거인과 싸우는 동안, 난 페르세포네를 도와 약초를 찾을게."

포세이돈은 여전히 반대하는 눈치였다. 그런데 그때 지원을 바라는 하데스의 고함이 들렸다. 포세이돈은 얼른 암피트리테를 땅에 내려주었다.

암피트리테는 페르세포네 곁으로 가서 부지런히 약초를 찾기 시작했다. 파란 수증기를 뿜는 거인과 싸우고 있던 아테나가 전투를 멈추고 암피트리테와 페르세포네에게 다가왔다. 페르세포네가 얼른 설명했다.

"불사의 약초는 잎사귀가 작은 심장 모양이고, 어두운 곳에서 빛나는 특징이 있어."

아테나는 사방에서 벌어지고 있는 전투를 확인하며 말했다.

"해가 지려면 아직 한참 멀었잖아. 거인 숫자가 너무 많아서 그때까지 막기는 힘들 거야."

갑자기 거인 한 명이 쿵쾅대며 지나가는 통에 암피트리테는 아슬아슬하게 몸을 피했다.

'맙소사, 하마터면 밟혀서 납작해질 뻔했잖아!'

암피트리테는 겨우 정신을 차리고서 물었다.

"해가 지기 전에 사방을 어둡게 만들어 주는 마법 주문 같은 건 없어?"

페르세포네가 고개를 가로저었다.

"그럴 수만 있다면 얼마나 좋겠니?"

그러자 아테나가 손가락을 딱 튕겼다.

"애들아, 빨리 어둠이 내리도록 도와줄 수 있는 분을 내가 알고 있어. 가자!"

아테나와 페르세포네가 암피트리테의 손을 각각 잡고 태양을 향해 날아올랐다. 태양의 열기를 더는 견딜 수 없을 만큼 가까워지자 아테나가 소리쳤다.

"헬리오스 님! 안녕하세요?"

암피트리테는 놀라서 눈을 휘둥그렇게 떴다.

"태양신 헬리오스 님 말이니?"

페르세포네가 얼른 암피트리테의 귀에 속삭였다.

"아테나랑 헬리오스 님이랑 사연이 좀 있거든."

잠시 후 황금빛 태양 전차를 타고 매일같이 하늘을 가로지르는 헬리오스가 말고삐를 잡아당겨 아이들 앞에 멈춰 섰다.

"무슨 일이냐? 난 시간 맞춰서 해야 할 일이 있는 몸이야."

헬리오스가 퉁명스럽게 물었다.

"해가 사라지게 해 달라고 부탁하러 왔어요. 지금 당장이요! 아주 중요한 일이에요. 딱 10분만 어둠을 내려주세요. 그다음에는 다시 하늘로 나오셔도 돼요."

아테나는 자신이 찾고자 하는 약초에 관해 설명하고 땅에서 벌어지는 치열한 전투를 가리켰다.

헬리오스가 아테나의 요청을 받아들이자, 세 아이는 아래로 내려와 파르테논 위 허공에서 기다렸다. 잠시 후 사방에 어스름이 깔리더니 어둠이 내려앉았다. 거인, 올림포스 팀 가리지 않고 다들 놀라고 어리둥절한 반응이었다.

"저기!"

아크로폴리스 주변을 훑어보던 암피트리테가 외쳤다.

"파르테논 모퉁이 근처에서 뭔가 빛나고 있어. 거인의 횃불과는 빛이 달라. 좀 더 초록색이야. 저게 혹시 그 약초일까?"

페르세포네가 간절한 얼굴로 대답했다.

"그래야 할 텐데! 가서 확인해 보자!"

페르세포네와 아테나가 초록색을 띤 하얀빛을 향해 수직 낙하하자, 암피트리테는 놀라서 숨을 참아야 했다.

땅에 도착하자마자 아테나가 약초를 뽑아 들고 외쳤다.

"불사의 약초야! 우리가 찾았어!"

그러나 아무도 아테나의 목소리를 듣지 못했다. 시커먼 어둠 속에서 거인의 횃불에 의지한 채 치열한 전투가 사방에서 벌어지고 있었다.

아폴론과 아르테미스는 포르피리온을 향해 금 화살과 은 화살을 날리고, 헤파이스토스는 거인에게 돌덩이를 마구 던졌다. 디오니소스는 요리조리 뛰어다니며 솔방울이 달린 지팡이 티르소스로 거인을 후려쳤다. 그러나 올림포스 팀이 아무리 공격해도 거인은 지치지도 물러서지도 않았다.

"숫자가 너무 많아."

페르세포네가 한숨을 쉬자, 아테나가 고개를 끄덕였다.

"모자라는 머리를 힘으로 메꾸나 봐."

받아들이기 힘들지만, 사실은 사실이었다. 암피트리테가 안달하며 말했다.

"우리 올림포스 팀이 이겼다는 걸 알려야 하는데 어떻게 알리지?"

그 순간 암피트리테는 갈색 수증기를 뿜는 거인과 싸우는 포세이돈을 보았다.

"네 놈을 산산조각 내 주마!"

거인이 소리를 꽥 질렀다.

"그래? 어디 한번 해 보시지!"

포세이돈이 삼지창을 휘두르자 세찬 물줄기가 뿜어져 나오더니 거인의 발아래 땅을 쫙 갈라놓았다.

"엉?"

이제부터 벌어질 일을 미처 알아차리지 못한 거인이 땅속으로 고꾸라졌다.

"잘 가!"

포세이돈이 거인을 향해 소리쳤다.

"난데없이 나타나서 온갖 말썽을 일으키더니 고향으로 돌아가는구나! 너희 어머니께서 반겨 주실 거야!"

곧바로 진흙이 다시 땅속으로 쏟아져 들어가면서 거인은 눈썹 높이까지 땅에 파묻히고 말았다. 이제 보이는 거라고는 정수리와 거기서 솟아오르는 갈색 수증기뿐이었다.

"이런, 거인이 화산으로 변했네!"

암피트리테가 농담을 던졌다. 비록 사방에 위험이 가득했지만 세 친구는 까르르 웃음을 터뜨렸다.

10
승리
포세이돈의 이야기

 헬리오스가 다시 태양 전차를 몰고 하늘로 돌아가자 사방이 환해졌다. 전투에 몰입하고 있던 포세이돈은 그제야 조금 전까지 사방이 이상할 정도로 어두웠다는 걸 깨달았다. 갈색 수증기를 뿜는 거인 화산을 만들고 나서 고개를 돌리자 헤라클레스가 포르피리온과 한바탕 싸움을 벌이는 모습이 눈에 들어왔다. 포르피리온은 아직도 옴파로스를 왕관처럼 쓰고 있었다.
 '포르피리온을 무찔러야 해! 그래야 교장 선생님이 그토록 중요하다고 하신 옴파로스를 되찾을 수 있어.'
 그런데 천하장사라고 해도 포르피리온에겐 상대가 되지 않는지, 헤라클레스가 궁지에 몰려 있었다. 만약 이대로 포세이돈이 잘못 공격하면 쓰러지는 포르피리온에 헤라클레스가 깔리는 사태가 벌어질 수도 있었다.

'윽, 그건 곤란한데.'

포세이돈은 얼른 머리를 굴려 보고서 헤라클레스 쪽으로 날아가며 소리쳤다.

"거인 화산을 만들자!"

포르피리온이 포세이돈을 쳐내려고 팔을 휘둘렀다. 포세이돈은 얼른 뒤로 몸을 빼서 피했지만, 포르피리온의 주먹에 삼지창이 날아가 버렸다. 대신 헤라클레스의 주의를 끄는 데 성공한 포세이돈은 갈색 수증기가 피어오르는 거인 화산을 가리켰다. 헤라클레스는 포세이돈의 계획을 알아차리고서 몽둥이와 엄청난 힘을 써서 포르피리온의 발 둘레에 구덩이를 팠다. 포세이돈은 삼지창이 없어서 작업을 도와줄 수 없었다. 대신 헤라클레스가 무엇을 하려는지 포르피리온이 알아차리지 못하도록 성가신 모기처럼 주변을 돌아다니며 시선을 끌었다.

"으아아악!"

포르피리온이 몸의 중심을 잃고 커다란 구덩이 안으로 빠졌다. 이제는 포르피리온의 초록색 수증기만 보일 뿐이었다.

포세이돈과 헤라클레스가 손을 짝 마주쳤다. 포세이돈이 소

리쳤다.

"성공! 거인 화산 2번 탄생이오!"

하늘에 떠 있던 아이들이 둘의 작전을 보더니 사방으로 흩어지며 거인을 놀려대어 따라오게 했다. 곧 땅 파는 소리, 진흙 질척이는 소리가 이어지더니 새로운 거인 화산이 속속 생겨났다. 더 먼 곳까지 달려 나갔다가 결국 구덩이에 빠진 거인 때문에 이날 전 세계 곳곳에 화산이 생기게 되었다.

포세이돈은 공중에 뜬 채 헤라클레스가 만든 화산에서 초록색 수증기가 뿜어져 나오는 걸 잠시 감시하다가 주위를 둘러보며 테티스를 찾았다. 테티스는 어떤 식물을 들고 있는 아테나와 함께 있었다. 포세이돈은 그게 무엇인지 바로 알아차렸다. 불사의 약초였다.

'헤라클레스를 돕는 건 옳은 일이고, 포르피리온을 이길 수 있는 유일한 방법이었어. 그 때문에 세상을 구할 수 있었고, 올림포스산도 빼앗기지 않게 되었잖아⋯⋯. 그래도 서글픈 기분이 드는 건 어쩔 수 없네, 쩝.'

만약 포세이돈이 혼자서 포르피리온을 땅에 파묻고 불사의 약초를 찾아냈다면, 팀이 우승하고 포세이돈은 자신만의 신전을 얻었으리라. 그러나 포르피리온을 물리친 이는 헤라클레스였고, 헤라클레스는 아테나 팀이었다. 게다가 아테나가 약초까지 찾아냈으니 우승은 당연히 아테나 팀의 몫이 될 게 분명했다.

'그럼 우리 팀이 2등이겠네. 이번에도 누군가의 신전에 내 조각상 하나 정도가 서겠구나. 내가 그렇지 뭐. 항상 2등까지야. 절대 1등은 못하지.'

포세이돈은 옴파로스라도 확실히 챙겨 두려고 포르피리온 쪽으로 움직였다. 그런데 포세이돈이 땅에 선 순간, 갑자기 땅에서 가이아가 뛰쳐나와 길을 가로막았다.

대지의 여신의 실제 모습은 무시무시했다. 진흙투성이 머리칼에는 거미줄, 작은 뼈다귀, 이끼가 주렁주렁 붙어 있고, 몸에선 썩은 나뭇잎, 벌레가 가득한 나무 밑동, 독버섯, 축축한 흙냄새가 풍겼다.

'땅 자체를 나타내는 여신다운 모습이네.'

"저리 비켜! 난 대지의 여신이다! 멍청한 녀석 같으니라고. 설마 내가 내 아들을 땅에서 꺼내지 못하리라 생각하는 건 아니겠지이이이이?"

가이아는 사악한 웃음을 터뜨렸다. 그러나 포르피리온 화산을 자세히 살펴보더니 기겁하며 웃음기를 거두었다.

"안돼애애애! 어디 갔지? 옴파로스가 사라졌어어어어어!"

포세이돈도 깜짝 놀라서 화산 가까이 접근했다. 사실이었다. 가이아가 포르피리온을 땅에서 꺼내려 하자 갑자기 어마어마하게 큰 번개가 떨어졌다. 그런 엄청난 번개를 던질 수 있는 자는 오직 제우스뿐이었다!

포세이돈은 황급히 뒤로 물러났다.

우르릉 쾅!

번개가 가이아의 옷자락에 꽂히더니 가이아를 땅속으로 끌어갔다. 가이아는 순식간에 자신이 지배하는 곳으로 돌아갔고 그 뒤로는 머리카락 한 올도 보이지 않았다!

"내 어여쁜 딸 티니, 축하한다!"

신들의 제왕이자 하늘을 지배하는 자 제우스가 천마 페가수스가 끄는 전차를 타고 구름 속에서 모습을 드러냈다.

"아테나 팀이 템플 게임에서 우승했다! 올림포스산과 세상을 구한 것은 말할 것도 없지."

포세이돈이 고개를 돌려보니 아테나와 페르세포네가 어느새 곁에 와 있었다. 포세이돈은 그쪽으로 걸어가서 깊이 심호흡을 내뱉고는 말했다.

"우승 축하해."

아테나에게 축하 인사를 건네는 건 지금까지 포세이돈이 살면서 했던 일 중 가장 힘든 일이었다. 하지만 옳은 행동이었다.

"고마워. 그런데 아빠가 잘못 아신 거야."

아테나는 곧바로 하늘을 향해 소리쳤다.

"아빠, 승리는 포세이돈에게 돌아가야 해요. 혼자서도 포르피리온을 물리칠 수 있었는데 일부러 헤라클레스에게 기회를 주었는 걸요. 그리고 이 약초는 테티스가 먼저 찾아냈어요. 테티스는 포세이돈 팀이에요."

"그렇지만 불사의 약초를 직접 뽑은 자는 너고, 거인 왕자를 직접 물리친 자는 네 동료 헤라클레스잖아!"

제우스가 우렁우렁한 목소리로 외쳤다.

"네 팀이 공정하고 확실하게 이겼어. 너의 새 신전을 어디에 지을지 내일까지 결정하도록 해라."

제우스는 땅으로 내려와 포세이돈에게 말했다.

"포세이돈, 나를 비롯해 올림포스산의 신들과 온 세상 사람들이 네게 칭찬과 존경을 보내고 있다. 너와 헤라클레스가 포르피리온을 물리친 전투 장면이 아테나의 새 신전에 멋지게 새겨질 거야."

"고맙습니다."

포세이돈은 최대한 기뻐하고 감사하는 목소리를 내려 애썼다. 실제로도 그런 마음이었다.

'그래도 역시 조금은…….'

그런데 갑자기 제우스가 인상을 확 찌푸렸다.

"이런, 옴파로스는 어디에 있지?"

포세이돈도 아테나도 어깨를 들썩일 뿐이었다. 도대체 옴파로스는 어디로 간 걸까?

11
진주
암피트리테의 이야기

"헉, 옴파로스다!"

암피트리테가 깜짝 놀라서 웅얼거렸다. 암피트리테는 치열한 전투를 피해 파르테논 신전 뒤쪽에 몸을 숨기고 있었다. 그런데 포르피리온이 땅속으로 떨어질 때 벗겨진 옴파로스가 데굴데굴 굴러서 암피트리테 앞에 딱 멈춰 섰다. 홀로 남은 암피트리테는 달걀처럼 생긴 돌을 멍한 기분으로 바라보았다.

'하필 내 앞에서 멈춰서다니! 그저 우연의 일치일까? 아니면 혹시 나더러 옴파로스나 진주를 가지라는 뜻일까?'

가까이 다가가 보니 암피트리테의 추측이 맞았다. 옴파로스 표면에 새겨진 무늬는 그물망이 아니라 진짜 진주가 박힌 목걸이 무늬였다!

암피트리테는 은은한 빛을 발하는 진주를 쓰다듬어 보았다. 뽑아서 가지고 싶은 마음이 자꾸만 커졌다.

'해 볼까? 제우스 님께서 옴파로스에 강력한 힘이 깃들어 있다고 하셨잖아. 진주를 더 뽑으면 어떤 일이 일어날까?'

"옴파로스가 어디에 있는지 모른다니! 그게 무슨 소리냐?"

멀리서 제우스의 고함이 들려왔다.

암피트리테는 화들짝 손을 거둬들이고서 신전 모퉁이를 빼꼼 내다보았다. 제우스와 올림포스 팀 아이들이 초록색 수증기를 뿜는 화산 옆에 서 있었다. 제우스가 걱정 가득한 목소리로 말을 이었다.

"부디 흠집이 없어야 할 텐데……. 옴파로스의 힘은 겉에 새겨진 마법 진주 끈에서 나온다. 만약 진주가 한 알이라도 없어진다면 세계의 중심을 유지하지 못하게 되는 건 아닌지 걱정스럽구나."

암피트리테는 등골이 오싹했다. 제우스의 한마디에 모든 것이 변해 버렸다. 당장 옴파로스를 되돌려 줘야 했다. 진주를 가지는 건 꿈도 못 꿀 일이었다.

'내가 지닌 진주도 돌려 드려야 해. 이 진주의 힘으로 오랫동안 안전하게 변신할 수 있었던 것 같은데 말야. 휴, 진주가 없으니 동생들이 소원을 이룰 일도 없겠구나. 템플 게임으로 새로 사귄 친구들과 다시 만나 어울릴 수도 없어. 이제 바다로 돌아갈 때가 된 거야. 평범하디 평범한 인어로 돌아가야 해…….'

"여기 있어요!"

암피트리테가 머뭇거리더니 소리쳤다. 곧바로 제우스, 아테나, 페르세포네, 헤라클레스, 포세이돈, 델피니오스가 달려왔다.

"장하구나."

제우스는 옴파로스를 보고 얼굴이 환해졌다.

"자, 어서 델피에 도로 가져다 놓자. 헤라클레스, 그 일을 맡아 주겠느냐?"

헤라클레스는 1미터나 되는 돌덩이를 손쉽게 들어 올렸다. 제우스가 아테나, 헤라클레스와 함께 떠나려는 순간 암피트리테가 소리쳤다.

"잠깐만요!"

암피트리테는 한쪽 주먹을 천천히 펼쳤다. 손바닥 위에 작은 진주알이 놓여 있었다.

"그건 어디서 났어?"

포세이돈이 물었다.

"델피 신전에서 주웠어. 옴파로스에서 떨어진 것 같아."

제우스는 진주를 받아들고 옴파로스를 살폈다. 그러더니 알쏭달쏭한 표정으로 말했다.

"여기에는 빠진 자리가 없는데?"

"잘 살펴보세요. 부, 분명 하나가……."

암피트리테는 갑자기 어지럽고 숨을 쉬기가 힘들었다. 암피트리테의 얼굴이 하얗게 질렸다.

"오, 이런! 나 빨리 바다로…… 돌아가야 해. 아무래도…… 뭍멀미인 것 같아."

"내 삼지창 어디 있지?"

포세이돈이 암피트리테를 도우러 달려왔다. 삼지창이 보이지 않자, 포세이돈은 암피트리테를 안고서 가까운 바다로 쌩 날아갔다.

풍덩!

바닷속으로 들어가자마자 암피트리테의 상태가 한결 좋아졌다. 인어의 몸으로 돌아온 암피트리테는 바다 깊숙이 소용돌이 헤엄을 치며 들어갔다가 수면 위에서 기다리는 포세이돈에게 돌아왔다. 암피트리테는 꼬리를 철썩여 포세이돈에게 물을 뿌렸다.

"얏호! 다시 바다에 돌아오니 기분이 정말 좋아."

암피트리테는 육지에서 살고 싶은 마음도 컸지만, 바다 생활을 포기할 생각은 추호도 없었다.

포세이돈은 여전히 걱정 어린 얼굴로 암피트리테를 바라보았다. 포세이돈이 뭐라고 말을 하려는 찰나, 올림포스 학교로 돌아가던 소년 신 둘이 암피트리테와 포세이돈을 발견했다. 마카이가 포세이돈에게 삼지창을 던지며 소리쳤다.

"어이, 축축이! 싸움터에서 이걸 발견했어. 달리 두고 간 물건은 없냐? 목욕용 장난감이랑 오리발은 챙겼어?"

마카이의 짓궂은 농담에 퀴도이모스가 배를 잡고 웃어댔다. 그러더니 포세이돈을 가리키며 암피트리테에게 말했다.

"야, 너도 소식 들었냐? 이 녀석은 기숙사 목욕탕에서 장난감 가지고 노는 걸로 유명해."

암피트리테는 순간 할 말을 찾지 못했다.

'내가 좋아할 수도 있는 애가 아직도 장난감을 가지고 논다고? 욕조에 오리발을 신고 들어간다고?'

암피트리테가 슬쩍 보니 포세이돈의 청록 빛깔 볼이 사과처럼 빨갛게 물들어 있었다. 암피트리테는 대번에 포세이돈 편을 들고 싶었다.

'목욕탕에서 장난감을 가지고 노는 게 뭐 어때서? 바다가 그리워서 그럴 거야. 바다 생활을 그리워하는 마음을 저 못된 애들이 비웃게 둘 수 없어!'

"어머, 너무 귀엽잖아!"

암피트리테는 손뼉을 짝 마주치며 소리쳤다.

"우리 아빠도 목욕할 때 장난감을 잔뜩 들고 들어가서!"

암피트리테는 슬쩍 거짓말을 했다.

"애들아, 내가 바다 족속 중 가장 존경받는 지도자 네레우스의 딸인 건 알지?"

마카이와 퀴도이모스가 암피트리테의 반응에 주춤했다. 암피트리테는 방실방실 웃으며 말을 이었다.

"바다 족속의 특성이니까 너희들은 이해 못 할 수도 있어. 그런데 너희들도 목욕할 때 장난감을 가지고 놀면 고약한 성격을 좀 고칠 수 있을지도 몰라. 아주 재미있거든. 한 번 생각해 봐."

마카이와 퀴도이모스는 상황이 뜻대로 되지 않자 잔뜩 실망해서 자리를 떴다. 암피트리테와 포세이돈은 둘의 뒷모습을 지켜보다가 푸핫 하고 웃음을 터뜨렸다. 그런데 웃음이 잦아들자 어색한 침묵이 찾아왔다.

암피트리테가 먼저 바다 쪽으로 눈길을 돌리며 말했다.

"음, 그럼 난 이제 집으로 돌아갈게."

"잠깐만!"

누군가 소리쳤다. 아테나였다! 아테나가 해변을 가로질러 암피트리테와 포세이돈 쪽으로 뛰어왔다. 뒤이어 헤라클레스가 1미터짜리 돌을 아무렇지도 않게 짊어진 채 달려오고, 그 뒤에 제우스가 하얀 모래밭에 전차를 세운 채 기다리고 있었다.

암피트리테와 포세이돈은 해변 근처의 널찍한 바위까지 함께 헤엄쳐 가서 그 위에 올라앉았다. 암피트리테는 금방 변신에 성공했다.

'이제 어떻게 하는지 알겠어. 그래도 변신 능력 하나는 확실히 익혔네.'

암피트리테와 포세이돈은 해변으로 가서 아테나와 헤라클레스를 만났다. 아테나가 암피트리테에게 진주알을 내밀었다.

"아빠가 너한테 이걸 돌려주라고 하셨어. 다 같이 옴파로스를 자세히 살펴봤는데 빈자리가 없어."

"정말? 아냐, 그럴 리가 없어."

암피트리테가 고개를 세차게 흔들며 말을 이었다.

"옴파로스에 박혀 있는 다른 진주랑 색깔도 똑같은걸. 그렇지 않으면 이 진주가 어디서 왔겠어?"

그때 어떤 생각이 암피트리테의 머리를 스치고 지나갔다. 암피트리테는 생각만으로도 신이 나서 온몸이 저릿할 정도였다.

'혹시 내 추리가 사실이라면?'

암피트리테는 뒤에서 기다리고 있는 제우스에게 눈길을 돌렸다.

"제우스 님, 혹시 실험 하나 해도 될까요?"

암피트리테가 뭘 하려는지 설명하자, 제우스는 썩 내켜 하지 않는 눈치였다. 옴파로스는 중요한 유물이라 함부로 다룰 수 없기 때문이었다. 그러나 결국 제우스는 실험을 허락해 주었다. 암피트리테는 떨리는 손으로 옴파로스에서 진주 한 알을 뜯어냈다.

뽁!

곧바로 새로운 진주가 그 자리에 솟아오르자 모두 헉 하고 숨을 들이쉬었다. 신들의 제왕인 제우스까지 깜짝 놀랐다.

"옴파로스가 예언을 전하고 세상의 중심을 유지할 힘을 얻는 데에는 진주가 꼭 필요한 모양이다. 그래서 그 진주가 행여 모자라는 일이 없도록 이런 방법을 마련했나 보구나."

제우스가 싱글벙글 웃으며 말을 이었다.

"이런 좋은 정보를 알게 되다니!"

암피트리테는 간절한 눈빛으로 제우스를 바라보다가 용기를 내어 입을 열었다.

"저…… 혹시 진주를 좀 더 얻어도 될까요? 한 오십 개 정도만 더 말이에요. 저는 진주 덕분에 뭍멀미에 걸리지 않았어요. 이 진주를 동생들에게 꼭 선물하고 싶어요."

"흐으음. 글쎄."

제우스가 망설이자 아테나가 나섰다.

"아빠, 부탁드려요. 불사의 약초를 찾을 때 제가 도움을 많이 받았어요."

한참을 망설이던 제우스가 마침내 고개를 끄덕였다.

"좋다. 네 아버지 네레우스에게도 신세를 지고 있으니 그리 하도록 해라. 네 아버지는 좋은 분이시다."

암피트리테는 아테나와 함께 서둘러 옴파로스에서 진주를 뜯어냈다. 한 알을 뜯을 때마다 그 자리에 곧바로 새로운 진주가 나타났다. 진주가 충분히 모이자, 제우스는 옴파로스를 전차에 싣고 델피로 출발했다.

헤라클레스가 해변을 둘러보더니 고동 껍데기를 구해 왔다. 암피트리테는 소중한 진주를 거기에 담았고, 아테나가 해초로 얼른 끈을 엮어서 암피트리테의 허리에 고동을 묶어 주었다.

그 사이 포세이돈은 기다란 해초 가닥을 찾아내고, 암피트리테가 델피에서 찾아낸 진주를 꿰어 목걸이로 만들어 주었다.

암피트리테가 바다로 돌아갈 채비를 마치자, 아테나는 암피트리테를 꼭 안아 주고서 헤라클레스와 손을 잡았다.

"포세이돈, 학교에서 보자. 안녕, 테티스. 널 만나게 되어 정말 기뻤어."

'테티스.'

암피트리테는 그 순간 진실을, 자신이 누구인지를 밝혀야 한다는 걸 알고 있었다. 하지만 망설이는 사이 시간이 흘러가 버렸다. 마침내 아테나와 헤라클레스가 떠나고, 이제 바닷가에는 암피트리테와 포세이돈만이 남았다.

12
자신감
포세이돈의 이야기

포세이돈은 파도가 치는 곳까지 테티스와 함께 걸었다.

"음, 이제 작별 인사를 해야겠지?"

포세이돈이 발목을 휘감는 파도를 내려다보며 말을 툭 던지자, 테티스가 고개를 끄덕였다.

"그동안 고마웠어. 덕분에 대단한 모험을 했지 뭐야. 이렇게 동생들에게 선물할 진주까지 생기다니! 정말로 기뻐."

포세이돈은 짐짓 무심한 척하며 대답했다.

"응, 한 팀으로 활동할 수 있어서 기뻤어."

테티스가 포세이돈의 얼굴을 쓱 쳐다보았지만, 포세이돈은 달리 무슨 말을 해야 할지 알 수가 없었다. 어색한 침묵이 흐른 뒤 테티스가 먼저 인사를 건넸다.

"그래. 자, 그럼 안녕."

테티스는 다시 인어로 변하더니 바닷속으로 풍덩 뛰어들었다. 포세이돈은 테티스가 사라지는 모습을 가만히 지켜보았다. 물속에서 테티스의 황금빛 비늘이 반짝반짝 빛났다. 포세이돈은 알 수 없는 감정에 휩싸였다.

갑자기 끼이익 하는 소리와 휘파람 소리가 들리기에 포세이돈은 고개를 돌렸다. 델피니오스가 돌고래 모습을 하고서 갑자기 바다에서 불쑥 나타났다.

"그냥 그렇게 보낼 거야?"

델피니오스가 돌고래 말로 묻자, 포세이돈은 의외라는 듯이 한쪽 눈썹을 추켜세웠다.

"뭐야? 남의 대화를 엿듣고 있었어? 그나저나 넌 그동안 어디에 가 있었던 거니?"

델피니오스가 소년의 모습으로 변신하더니 어깨를 들썩였다.

"여기저기. 여기에선 네가 잔뜩 기죽어서 테티스를 그냥 보내는 모습을 지켜볼 만큼은 있었어."

"엉? 무슨 소리야. 난 그저……."

델피니오스가 포세이돈의 말을 잘랐다.

"어이, 친구. 네 그 넘치는 자신감은 다 어디로 간 거야? 넌 그 애랑 관련된 일에만 유난히 자신감이 없더라. 그럴 경우, 이유는 딱 한 가지뿐이야. 넌 그 애를 좋아해!"

포세이돈은 멍하니 델피니오스를 바라보았다.

'정말 그런 걸까?'

포세이돈은 테티스에게 눈길을 돌렸다. 이제 황금빛 비늘이 거의 보이지 않았다. 하지만 포세이돈은 바닷속에서라면 누가 어디를 가든 찾아낼 수 있었다. 바다의 신이니까!

'난 테티스를 뒤쫓아 가고 싶은 걸까?'

포세이돈의 마음은 그렇다고 소리치고 있었다.

포세이돈은 바다로 뛰어들려다가 마지막으로 델피니오스를 돌아보았다.

"고마워, 친구! 어떨 때 보면 네가 나보다 날 더 잘 아는 것 같아. 너랑 한 팀이어서 기쁘고 다행이야!"

포세이돈은 다시 바다로 들어가려다가 동작을 멈추고서 한

마디 덧붙였다.

"다음 주에 올림포스 학교에 올래? 구경시켜 줄게."

델피니오스의 얼굴이 기쁨으로 환해졌다.

"정말? 그럼 좋지! 우와, 신난다!"

포세이돈도 싱글벙글 웃음이 났다.

"그럼 나중에 더 얘기하자. 난 테티스를 만나러 갈게."

잠시 후, 포세이돈은 테티스 옆에 도착했다. 테티스는 포세이돈을 보고 놀라서 기쁨의 물거품을 뽀글뽀글 뿜어냈다. 둘은 한동안 말없이 서로를 쳐다보며 잠잠히 헤엄쳤다.

"어떻게 된 거야?"

테티스가 먼저 말을 꺼냈다.

"이렇게 금방 널 다시 보게 될 줄은 몰랐어."

"미안하다는 말을 하고 싶어."

포세이돈은 대뜸 자기 할 말부터 했다.

"우리 처음 만났을 때 좀 삐걱댔잖아. 템플 게임이 시작하기 전에 학교에서 오라클 쿠키를 먹었는데……. 뭐, 그 일은 됐고. 처음 만났을 때 내가 퉁명스럽게 굴어서 미안해. 내 사과를 받아줄래, 테티스?"

"아."

갑자기 테티스가 뭔가 찔리는 듯한 표정을 지었다.

"나도 너한테 할 말이 있어. 음…… 난 테티스가 아니야. 난 테티스와 쌍둥이인 암피트리테라고 해."

테티스, 아니 암피트리테가 불안한 눈빛으로 포세이돈을 쳐다보았다. 포세이돈은 입이 떡 벌어졌다. 도저히 참을 수가 없었다. 포세이돈은 푸핫 하고 웃음을 터뜨렸다.

"뭐가 그렇게 웃겨?"

암피트리테가 인상을 살짝 찌푸렸다. 포세이돈은 드디어 오라클 쿠키의 예언 때문에 테티스 대신 바로 자기 눈앞에 있는 암피트리테를 초대하려 했다는 사실을 속 시원히 털어놓을 수 있었다.

"오라클 쿠키는 테티스가 나보다 더 빛날 수 있다고 했거든. 난 네가 테티스인 줄 알았기 때문에 네가 날 뛰어넘으려 할 거라 걱정했어."

"말도 안 돼!"

암피트리테가 꼬리를 세차게 흔들자 물살이 쏴 일어났다.

"말이 돼. 어쨌든 예언과 달리 넌 나를 비롯해 모두를 정말 열심히 도와줬지. 그리고 넌 참…… 멋졌어. 그래서 난 무척 헷갈렸어. 암피트리테 너 때문에."

포세이돈은 처음으로 암피트리테의 이름을 불러보았다.

'암피트리테, 마음에 드는 이름이야.'

암피트리테의 얼굴이 발갛게 물들었다.

'내가 좋아한다는 말을 해서 그런가?'

포세이돈의 눈길을 느낀 암피트리테가 얼른 말을 꺼냈다.

"내가 테티스인 척해서 누군가에게 상처를 주거나 말썽을 일으키지는 않았어야 할 텐데. 난 그저 육지 여행을 해 보고 싶었어. 그리고…… 모험심 넘치고, 변신 능력도 뛰어난 멋진 인어인 척하고 싶었어. 제우스 님이 올림포스 학교에 초대할 만한 그런 인물 말이야. 테티스처럼. 그 애는 정말 근사하거든. 그런데 테티스는 육지에 전혀 관심이 없고 바다를 떠나고 싶어 하지 않아서 우리 둘이 일을 꾸몄어. 내가 테티스 대신 템플 게임에 참가하는 걸로 말이야."

포세이돈과 암피트리테는 좀 더 쉽게 이야기를 나누기 위해 바다 위에 솟은 바위로 갔다. 암피트리테가 바위 한쪽을 붙잡더니 나직이 말했다.

"네가 신전을 얻지 못해서 마음 아파. 네가 얼마나 간절히 너만의 신전을 바랐는지 알고 있어."

포세이돈도 반대쪽 바위를 붙잡고서 씁쓸하게 웃었다.

"그렇게 티가 났어?"

포세이돈은 한숨을 푹 쉬고서 말을 이었다.

"난 신전을 얻어서 내 존재 가치를 드러내고 싶었어. 그런데 지금 다시 생각해 보니 그건 변변찮은 핑계일 뿐이네."

포세이돈의 눈길이 암피트리테의 눈길을 마주했다. 청록색의 두 눈동자가 똑같은 청록색 눈동자를 들여다보았다.

"너도 네가 아닌 다른 누군가인 척했지만 나도 그랬던 것 같아. 실제로는 그렇지 않은 데도 늘 매사에 철저하고 자신감 넘치는 척했거든. 고작 오라클 쿠키 예언에 위협을 느끼다니 내가 어리석었어."

"넌 따뜻한 마음씨를 가졌어."

암피트리테가 진지하게 말했다.

"난 정말로 그렇게 생각해. 전투에서 헤라클레스를 돕는 옳은 일을 했잖아."

포세이돈은 먼바다를 바라보았다가 다시 암피트리테를 바라보며 고개를 끄덕였다.

"솔직히 아테나한테 축하 인사를 건네는 게 쉽지 않았어. 난 정말로 내 신전을 가지고 싶었거든. 그런데 얻지 못했지. 받아들이기 힘들지만 이겨낼 거야."

테티스, 아니 암피트리테가 포세이돈을 가만히 바라보았다. 뭔가 곰곰이 생각하는 눈치였다. 이윽고 암피트리테가 뭔가 결정을 내린 듯 입을 열었다.

"나랑 어디 좀 같이 가자."

암피트리테가 뒤돌아서더니 깊은 바닷속으로 힘차게 헤엄쳐 들어갔다. 포세이돈은 잠시 망설이다가 암피트리테의 뒤를 따랐다.

"어디에 가는 거야?"

암피트리테 곁에서 헤엄치며 포세이돈이 물었다. 입에서 거품이 뽀글뽀글 솟아 나왔다.

암피트리테가 눈을 반짝이며 대답했다.

"가 보면 알 거야."

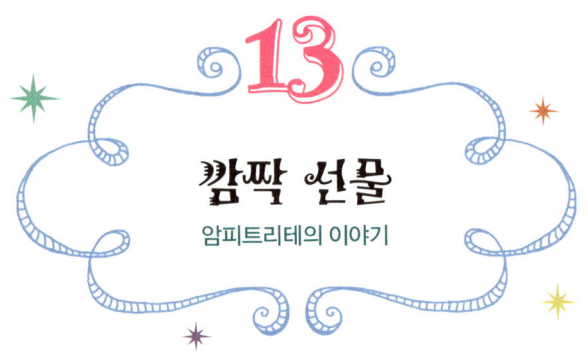

13
깜짝 선물
암피트리테의 이야기

한 시간쯤 지난 뒤, 저만치 앞의 깊은 바닷속으로 뭔가 반짝이는 건물이 보였다. 번쩍이는 황금으로 지어진 어마어마한 궁전이었다.

"저기야."

암피트리테가 궁전을 가리키며 말했다.

"너한테 저곳을 보여 주고 싶었어."

포세이돈은 눈이 휘둥그레졌다.

"우와, 이 궁전은 뭐야?"

포세이돈은 궁전에 더 가까이 다가가서 자세히 살펴보기 시작했다.

"정말 멋진데! 난 바다의 신인데 어째서 이곳에 대해서 전혀 몰랐지?"

암피트리테가 눈을 반짝이며 대답했다.

"그야 깜짝 선물이니까. 널 위한 신전은 바닷속에 있어야 하지 않겠어?"

"날 위한 '신전'이라고?"

포세이돈은 눈을 끔벅이며 되물었다. 정말로 놀란 눈치였다.

"그럼 누가 지은 거야?"

"누가 지었냐고?"

암피트리테는 어이없다는 듯이 어깨를 들썩이더니 싱글싱글 웃으며 대답했다.

"물론 네 팬들이 지었지. 바닷속에 사는 모든 생명체가 말이야. 바다 족속은, 그러니까 우리는 벌써 몇 년째 이 궁전을 짓고 있어. 모든 바다 족속이 널 응원한다는 걸 보여 주고자 말이야. 네가 우리를 보살피고, 늘 행복하게 해 주려 한다는 걸 알아. 그리고 그 점을 우리는 깊이 고맙게 여기고 있어."

"우와."

포세이돈은 쑥스러운 듯이 웃으며 대답했다.

"바다 족속이 날 그렇게 좋게 봐 주는 줄 몰랐어."

"진짜야. 그렇다고 네가 으스대지는 않으리라 봐. 그렇지?"

암피트리테는 까르르 웃으며 앞으로 나아갔다.

"이 궁전은 네 신전이야. 모든 바다 족속이 모여서 널 기념하는 장소가 될 거야. 여기서 아빠 같은 바다의 지도자들과 네가 만나 회의를 할 수도 있겠지. 아직 공사가 끝나지 않았지만 모두 기쁜 마음으로 시간과 재료를 내고 있으니까 조금만 있으면 완성될 거야."

암피트리테는 타일로 만든 모자이크 벽화를 보여주었다. 포세이돈이 삼지창을 높이 든 채 세 마리의 히포캄푸스를 타고서 세찬 파도를 가르며 기세등등하게 나아가는 모습이 실제보다 훨씬 크게 묘사되어 있었다.

"이 모자이크는 작년에 우리 자매가 직접 조개껍질을 모아서 만든 거야."

포세이돈이 환하게 얼굴을 빛내며 웃었다. 진심으로 기쁜 듯했다.

"완벽해. 정말 완벽해."

"제우스 님께서 상으로 네게 주신다던 조각품을 이 옆에 놓으면 아주 멋질 거야."

둘은 바다 궁전을 둘러보며 아름다운 장식을 살펴보고 즐겁

게 이야기를 나누었다.

문득 포세이돈이 고개를 젖히며 눈앞을 가린 금발 머리를 넘기더니 암피트리테를 바라보며 미소를 지었다. 암피트리테는 속으로 중얼거렸다.

'포세이돈은 세상에서 가장 멋진 미소를 가졌어.'

"올림포스 학교에 오는 문제 말이야."

포세이돈이 말을 꺼냈다.

"네가 정말 오고 싶다면 내가 도와줄게. 아테나도 한 몫 거들어줄 거야. 우리가 제우스 교장 선생님께 가서 열심히 잘 말씀드려 볼게."

암피트리테는 눈이 휘둥그레졌다. 생각만 해도 짜릿했다.

'아빠한테 내가 얼마나 육지 생활을 꿈꾸는지 털어놓기로 마음먹은 참이잖아. 만약 제우스 님께서 날 올림포스 학교에 초청해 주신다면 아빠가 그런 영광을 거절할 리 없어. 아, 그렇게 되면 정말 좋겠다!'

암피트리테는 열심히 고개를 끄덕이며 대답했다.

"난 정말로 올림포스 학교에 가고 싶어. 내 소원이야."

둘은 한참 더 바다 궁전을 구경한 뒤 작별 인사를 하고서, 포세이돈은 올림포스 학교로 암피트리테는 바다 동굴로 향했다.

암피트리테는 말할 수 없을 정도로 행복해서 바닷속을 쏜살같이 헤엄쳤다. 자매들에게 나눠 줄 선물도 오십 개, 아니 마흔아홉 개나 지니고 있었다.

암피트리테는 포세이돈이 만들어 준 해초 목걸이에 매달려 있는 진주를 만져 보았다.

'이 진주가 있는 한 육지에서도 시간 걱정 없이 안전하게 다닐 수 있어. 어디를 갈지, 무엇을 할지, 어떤 인어가 될지 나 스스로 결정할 수 있어. 무엇보다 기쁜 점은 사랑하는 동생들도 그럴 수 있다는 거야. 전설의 마법 진주를 지키면 다시는 뭍멀미 걱정을 하지 않아도 되니까.'

암피트리테는 꼬리를 힘껏 움직여 에게해의 푸른 바닷속으로 헤엄쳐 들어갔다. 암피트리테의 마음에는 이제껏 가져 본 적 없는 큰 선물이 담겨 있었다. 바로 희망이었다.

'나도 언젠가 올림포스 학교에 초대받을 수 있어. 이얏호!'

옮긴이의 말

요즘 걸 크러시(Girl crush)가 대세입니다. 보통 걸 크러시라고 하면 자기주장이 강하고, 뛰어난 능력으로 어디서나 눈에 띄는 여성을 떠올리는 것 같아요. 하지만 다른 이에게 영향을 미치고, 변화를 이끌어가는 리더십에는 다양한 형태가 있습니다. 폭풍우가 몰아치는 바다처럼 강렬한 카리스마형도 있지만, 잔잔히 흘러가면서 산을 깎아 버리는 강물처럼 외유내강형 걸 크러시도 있지요.

암피트리테는 스스로가 쌍둥이 자매 테티스에 비해 소극적이고 별다른 재주도 없다고 생각합니다. 그런데 그 테티스 행세를 하며 템플 게임에 참가해서 모두가 우러러보는 올림포스 신들에게 둘러싸여 있으니 내심 얼마나 주눅이 들었겠어요?

그러나 암피트리테는 자신이 좋아하는 독서를 통해 쌓은 지식, 자매들을 돌보며 얻은 다른 이의 마음을 헤아리고 돌보는 포용력, 솔직할 수 있는 용기를 바탕으로 템플 게임을 우승으로 이끕니다. 무엇보다 겉으로는 완벽해 보이지만 속으로는 남의 인정을 받고 싶어 안달하는 허당 포세이돈한테서 변화를 끌어내지요.

자기가 맡은 몫을 해내기 위해 고군분투하는 동안, 늘 자신이

남들보다 부족하다고 여기던 암피트리테도 포세이돈도 각자 나름의 장점이 있다는 걸 깨닫습니다. 사랑하는 독자 여러분, 가족과 친구 중에 나보다 훨씬 뛰어난 사람이 있어서 주눅이 드나요? 그럴 필요 없답니다. 세상에 모든 걸 다 잘하는 사람은 없거든요. 하지만 누구나 장점이 최소한 한 가지는 있기 마련이랍니다. 그 장점을 잘 살리고, (괜히 능력자 형제자매나 친구 이름을 빌려 쓰지 않고) 내 진실한 모습을 있는 그대로 드러내기 위해 노력한다면 독자 여러분도 꿈을 이루게 해 줄 마법의 진주를 찾을 수 있을 거예요. 그럼 다음 편에서 좀 생소하지만 참으로 따뜻한 여신 헤스티아 이야기로 다시 만나요!

옮긴이 **김경희**

지은이 조앤 호럽, 수잰 윌리엄스

조앤 호럽은 문예상을 받은 작가로, 지금까지 어린이 독자를 위해 125권이 넘는 책을 썼다. 대표작으로는 《샴푸》, 《마멋 날씨 학교》, 《개는 왜 짖을까?》 그리고 〈인형 병원〉 시리즈 등이 있다. 책에서 새로운 생각 얻기를 좋아한다는 점에서 네 명의 소녀 신 중 아테나와 가장 비슷하지 않나 하고 생각한다.

수잰 윌리엄스는 어린이를 위해 30권이 넘는 책을 썼고, 문예상 수상 작가이다. 대표작으로는 《책벌레 릴》, 《엄마가 내 이름을 모른대요》, 《우리 집 강아지는 부탁할 줄을 몰라》, 〈파워 공주〉 시리즈, 〈꽃봉오리 요정〉 시리즈가 있다. 남편 분 말로는, 수잰 선생님은 귀찮은 질문(주로 왜 컴퓨터가 제대로 안 돌아가는지에 관한 질문이라고 한다)을 하는 판도라랑 비슷한 편이라고 한다. 물론 판도라는 절대로 컴퓨터를 쓸 일이 없겠지만.

옮긴이 김경희

초등학교 때 다른 아이들이 텔레비전을 보는 동안 《그리스 로마 신화》, 《일리아드》, 《오디세이아》, 《플루타르크 영웅전》을 줄줄 외울 정도로 읽고 또 읽었다. 제일 좋아하는 여신은 사냥의 신 아르테미스였는데 정작 본인은 운동에 영 소질이 없었다. 그래서 헤라클레스처럼 열두 가지 모험을 하고, 올림포스산에 가 보고 싶었지만 엄두도 낼 수 없었다. 그런데 지금은 어린이 독자를 위해 〈올림포스 여신 스쿨〉 시리즈를 번역하면서 신나는 모험을 하는 중이다. 혹시 〈올림포스 여신 스쿨〉 시리즈가 끝나면 제우스의 초청을 받아 올림포스 학교에 가게 될지도 모른다며 두근두근 기대하고 있다.

17 바다의 님프 암피트리테

초판 1쇄 인쇄 2020년 3월 13일
초판 1쇄 발행 2020년 3월 23일

지은이 조앤 호럽, 수잰 윌리엄스 | **옮긴이** 김경희 | **그린이** 싹이

펴낸이 양원석 | **편집장** 최두은 | **책임편집** 조시연
디자인 강소정, 김미선 | **마케팅** 윤우성, 박소정

펴낸곳 (주)알에이치코리아
주소 08588 서울시 금천구 가산디지털2로 53, 20층(한라시그마밸리)
편집문의 02-6443-8921 | **도서문의** 02-6443-8800 | **팩스** 02-6443-8959
등록 2004년 1월 15일 제2-3726호

ISBN 978-89-255-6874-4 (74840)
ISBN 978-89-255-4737-4 (세트)

어린이제품 안전특별법 표시 사항
제품명 도서 | 제조자명 (주)알에이치코리아 | 제조국명 대한민국 | 전화번호 02)6443-8800
주소 서울시 금천구 가산디지털2로 53, 20층(한라시그마밸리)

※ 값은 뒤표지에 있습니다.
※ 맞춤법과 띄어쓰기는 국립국어원의 기준에 따릅니다.
※ 잘못된 책은 구입하신 곳에서 바꾸어 드립니다.
⚠ 책 모서리가 날카로워 다칠 수 있으니 사람을 향해 던지거나 떨어뜨리지 마십시오.

알에이치코리아 홈페이지와 블로그, SNS에서 자사 도서에 대한 더 많은 정보와 이벤트 혜택을 확인할 수 있으며, 전자책도 만나볼 수 있습니다.

홈페이지 http://rhk.co.kr | http://ebook.rhk.co.kr   페이스북 https://www.facebook.com/rhk.co.kr
블로그 http://randomhouse1.blog.me   유튜브 http://www.youtube.com/randomhousekorea
주니어RHK 포스트 https://post.naver.com/junior_rhk   인스타그램 @junior_rhk